教育发现

教育发现 EDUCATION DISCOVERY

觉者为师

做一个
会成长的老师

王维审／著

山东文艺出版社

总 序
写作是困境里的光

如果回忆一下我的写作经历，大概在每一个节点上都与困境有关。

01

当我从村里的小学、村里的初中走出来，顶着满脑袋玉米穗花考进城里最好的高中时，除了新鲜、激动和情不自禁的感慨，剩下的就是紧张、胆怯和莫名的焦虑。那时候，乡村教育与城市教育相差很大，特别是英语这门学科，师资水平可以说是天壤之别：城里的初中有专业的英语老师，乡镇的初中则是招聘一些高考落榜生做英语老师，村里的初中根本就找不到懂英语的老师。比如，我们的英语老师就是一位教数学的民办老师转岗而来。他原本是一位复员军人，在部队上学过一些俄语，本着"英语、俄语都是外语"的原则，他就由数学老师变身为英语老师。他上午到镇上的初中听课学习，下午"现炒现卖"地教给我们，于是就有了那个时代农村学校普遍存在的"哑巴英语"——考试成绩还行，口语交际能力很不行。

以至于，在高中的第一节英语课上，我就因讲着一口蹩脚的英语而被全班同学嘲笑。从那以后，我就陷入了农村孩子特有的自卑之中。这种自卑感就像病毒，蔓延到所有的课堂乃至整个高中生活。直到有一天，周五下午的作文课上，语文老师声情并茂地朗读了我的一篇作文，并给予了极高的评价。那洪亮而悠扬的声音，瞬间在我的心间散漫开来，就像寒冬里投过来的光，温暖又明亮。从那以后，我的作文经常被老师表扬，而写作带来的自信，也就成为我对抗自卑的坚强后盾。再后来，经常发表文章的我，甚至有了一种"东方不亮西方亮"、狭隘的自豪感。虽然这份自豪感未必是纯粹的正能量，也没有提供有助于生命改观的机会，但在彼时，它却显得尤为重要。

很多时候，我都会这样去想：如果没有文字的光亮，我会不会被那份自卑彻底淹没？如果没有写作的支撑，我能不能熬过那段难挨的时光？

02

读过我的书的人都知道，我走上教育写作的道路源于对一个问题学生的无奈：那是一个全校闻名的问题学生，以打架斗殴、挑衅老师权威为家常便饭。在我接手他们班级的第一天，他便直接向我发难，并叫嚷着"你不是我的对手"。在打也不能打、管也管不了、躲也躲不开的困境中，我写了一篇文章《我不是你的"对手"》，在班里公开"发表"，收到了意想不到的效果——那个学生接受了我的示弱，并慢慢成了我的教育合伙人。从此，我走上了教育写作的道路，通过记录班级生活、反思班级管理来提升自己的管理能力。其实，有写作经历的老师并不少，但是能够坚持下来的并不多，大多数老师往往是激情高昂地拿起了笔，但几周、几个月后便放弃了写作。毕竟，写作是一件清苦寂寞的事情，是一种努力一生也未必会有掌声的孤独之旅，如果没有强大的意志力作为支撑，一般人很难守住这份清苦。我之所以能够将写作坚持下来，并且坚持如此之久，其实也与人生的另一种困境相关。

做过老师的人都知道，教育是一件很难进行精确量化的工作，付出的多与少、质量的高与低并没有绝对的公平，再加上人为因素的干扰或介入，总会有人在评价中"吃亏"，甚至可能出现明显的"不公平"。也就是说，教育评价很难做到绝对的实事求是，不准确、不公平会长期存在，且不可避免。我们总是可以看到有些人付出的并不多，收获的却不少；也总是可以看到有的人做得足够好，得到的却寥寥无几。这其实是教育中的一种无奈，有些时候，"人情世故"往往大于"能力成绩"。

我是一个不善交际的人，在工作之余喜欢独处，极其讨厌各种无聊的应酬。其实，我并不是不懂人情世故，有时候我很清楚地知道此时应该示好，彼时应该示弱，但骨子里容不得自己流于世俗。也就是我经常说的：我知道，但我不喜欢。虽然我在工作中兢兢业业，成绩很突出，但在荣誉获得上总是被边缘化，特别是在较高层次荣誉的评比中，总会因各种人为设置的条条框框所淘汰。明明按照规定应该是我的荣誉，却又眼睁睁地看着到了别人手中，这是我在一线工作时的常态，如何确保在这种境遇里依然保持斗志？如何不被这种境遇所击破和打败？这是必须思考的问题。因为稍微一放松坚守，就有可能将自己推向躺平、放弃甚至摆烂，并且还会心安理得地接受这份自暴自弃——我足够努力，是生活对不起我。

在这样的境遇中，教师就需要具备营造"别处风景"的能力，在人生的缺憾上找到一种自我鼓励的方式。那时候，我的做法是沉浸于写作之中，一方面将自己的精力投入不断地思考与表达中，从而不自觉地漠视俗世里的竞争和抢夺；另一方面用自己在写作领域的成果抵消评价中的失败，利用阿 Q 式的精神胜利法慰藉自己——我发表了那么多文章，你呢？

03

在教学一线工作十八年后，我莫名其妙地被调入区教研室工作，一起调入的还有七位老师。这七位同事的工作职责很明确，就是担任各个学科的教研员，具体负责某一学科的教学研究工作。而我的工作很不清晰，因为我在学校是负责德育工作的，自己的研究领域也是德育，基本上跟教学教研不搭界。在调入教研室之后的前四年里，我基本处于到处"打零工"的状态，每天应付各种临时性工作。不仅"职"无定"责"，而且"工"无定所——在他人科室的空闲办公桌上办公。万般努力之下，我终于争取到一间原设计为厕所，但一直作为杂物间使用的小屋，面积大约四平方米多一点，正好可以容下一张学生课桌、一把椅子。收拾一番后，我便拥有了自己的第一间办公室，虽然狭小且有一半被破旧报刊占据，但毕竟有了属于自己的独立空间。

在这个狭小的空间里，安静下来的我开始思索接下来该怎么办，应该如何突破目前的困境——没有自己的课堂，没有自己的班级，也不可能再去写坚持多年的教育叙事，我的路在哪里？思忖良久，我觉得写作依然是自己必须坚持的事情，也是走出当下境遇的重要方式。于是，我集中精力做了三件事情：一是开始撰写以思考为主的教育随笔，并将写作方向定位在教师成长上，并成功开启了教育随笔的专栏写作之路；二是开始对在一线时撰写的教育叙事进行梳理，顺利出版了"教师成长四书",也就是"觉者为师"系列的前期作品;三是开始对一线工作时的优秀教育实践进行总结凝练,借助写作形成自己的教育理念——叙事教育。这三件事情都是以专业写作为工具,以持续的坚持和努力为动力,以抵御现实的困境为精神追求——当职业生涯中遭遇不堪时,教育写作可以缔造理想的大厦。

那段时间的沉默,让我对教师成长有了深刻的思考。以至于几年后,当我开始从事教师培训工作时,似乎有一种厚积薄发的感觉,我知道要去做什么,也知道应该怎么做。那段时间的"冷板凳",让我在五年内完成了三项省规划课题的研究,不仅凝练出了自己的教育理念,也让我在教育科研领域有了自己的见解,所以在接手教育科研工作后,我并没有感觉到丝毫跨界工作的艰难和陌生,很快就在这个领域拥有了自己的话语权。人在职场,难免会遇到被雪藏、被忽视、被遗忘的困境,只要心中有所坚守,始终相信,那些用文字播下的光,终会照亮未来的路。

04

回看自己的整个职业生涯,就像是一个用密密匝匝的纠结交织成的困境:从临时代课教师到校办工厂工人,历史专业毕业却教了十八年的数学……我觉得自己始终存在于一个又一个错位的境遇之中,是对写作的坚守让我走到了今天,并留下了足以蔚藉过往艰辛的文字。

2016年,《寻找不一样的教育》出版,这是我在山东文艺出版社出版的第一本书。自此以后,《做一个不再困惑的老师》《推开教育的另一扇窗》《做有故事的教育》《成为更好的老师》《做一个会成长的老师》等相继出版,相信以后还会有更多的作品面市……感谢山东文艺出版社给予我的帮助,这对于我来说既是一种真诚的信任,也是一份沉甸甸的勉励。

　　这个套系中的每一本书，每一篇文章，都是在某一个静谧的夜里，在一个个百思不得其解的豁然开朗之后，留下的思考和彼时的感悟。从这个意义上来说，写作就是一次次突破困境的心灵之旅：写一篇文章，突破的是小的纠结、即时的麻烦以及突发的困惑；写一本书，突破的是一段经历的颠沛、思想冲突的化解以及某个领域上的获得；写一生的文字，突破的是命运的尴尬、生活的困境以及对未来的重构……所以我说，写作是困境里的光，投射给我们的不仅是温暖，更是力量和远方。

　　前些天，责任编辑联系我，说打算把我在山东文艺出版社出版的这几本书做成一个系列，系统地归拢一下近几年的作品，并让我写一篇总序。于是，便有了上面的文字，也便有了这套文集。感谢所有的困境，让我留下了这么多美好的文字，让我的生命不断被照耀；感谢山东文艺出版社，让这些星星般微弱的光，长成了星空的样子，让更多的人被温柔以待。

王维审
2024 年 11 月 26 日

再版序

教师发展：从专业历练到品牌追求

责编老师说，《做一个会成长的老师》这本书将要再版，问我有没有什么可以增加的内容。我觉得，有必要与各位读者聊聊近期的一些思考，特别是我对教师成长的新想法。于是有了这篇再版的"序"。

1

什么是成长？一个习惯了照本宣科的老师，有一天被学生们轰出了课堂，于是他开始"痛改前非"，痴迷于研究课堂教学艺术，这是成长；一个习惯了对学生呼来喝去的老师，听到了学生在背后对他的议论，意识到了自己对学生的"仇视"，于是开始变得理性而温和起来，这也是成长……总之，成长就是一个不断优化认知的过程——从否定"曾经的最优认知"开始，在获得"新的最优认知"后出发。周而复始，去而复来。

其实，我们对成长的认知，也存在一个"成长"的过程：从模糊到清晰，从片面到系统，从偏于一隅到重视逻辑。

二十年前，我曾经对教师成长做过比较清晰的表述。

那时的我认为，教师成长有两种不同路径：一是雕琢，就是通过不停改变和修正，让自己逐渐趋向于某种既定的成功标准；二是凿井，就是守住自己身上的某一特质，坚定地走下去，让自己在某一领域做到极致。这两个路径中，我将"雕琢"定位为标准化、达标化、比率化的社会型成功，也就是通过行政方式来界定、评选、命名的各种荣誉称号，属于"少数人"的成功方式；而"凿井"则是一种个性化、成长化、普适化的自我型成功，也就是通过自我选择、坚守、凝练而形成的个人特色，属于"所有人"都能参与的成功方式。

十年前，我对这两种方式进行了逻辑上的调整。

那时的我开始意识到，"雕琢"和"凿井"更应该是教师成长的两个阶段——先在行政背景下进行精雕细琢的打造，然后再为自己凿一口深井。从两种迥然不同且接近对立的成长方式，到夯基立柱的两个成长阶段，这不仅是我个人教师成长观的重大变化，也更加清晰、准确地揭示了教师成长的一般规律：按照一定的专业标准，开展专业目标下的教育实践行动，在专业能力达到个体的发展上限后，选择教育实践中的高频领域，聚力于其中，从发现特长到建设特长，逐渐形成自己的教育特色。其中，"雕琢"是夯基垒台，"凿井"则是立柱架梁，最终实现积厚成势的愿景。

现在，我更愿意相信：教师发展就是从"专业化"到"品牌化"的过程，是从专业历练到建立品牌追求意识的过程。

2

专业化作为教师成长的"雕琢"过程，是每一位教师从新手走向成熟的必由之路。那么，什么是教师专业化呢？从理论上来说，"教师专业化"这个概念既具有群体属性，也具有个体属性。就个体而言，"教师专业化"可以有三个层面的理解：一是作为目标的专业化，明确教师作为专业工作者必须要达到的专业标准体系，解决"是什么"的问题；二是作为过程的专业化，建立教师从非专业、准专业向专业性进步的专业发展体系，解决"怎么做"的问题；三是作为结果的专业化，形成教师专业化水平的专业评价体系，解决"做得怎么样"的问题。无论是作为一份追求、一个过程还是一种结果，教师专业化最核心的要素有三个，分别是专业精神、专业知识和专业能力。

教师专业化标准体系的建立、发展体系的建构、评价体系的建设，本质上就是对"三要素"进行不同维度的解释和解读。比如，就"专业精神"这一要素来说，在目标层面就是确立怎样的专业精神，在过程层面就是如何确立专业精神，在结果层面就是确立了怎样的专业精神，从而分别对应三个"体系"内容。以此类推，其他两个要素也可以做相似的解释。接下来，我就分别针对"三要素"谈谈自己的想法。

教师的专业精神。专业精神是一种对工作极其热爱和投入的品质，教师的专业精神主要表现在理想、认知和态度三个方面，这三个方面又是对专业精神由远及近的描述：理想影响着认知，认知决定着态度。一个教师拥有什么样的理想，就会产生与之相关的职业认知，而不同的职业认知，就会产生对待教育的不同态度。从这个意义上来说，教师的理想应该是高远的，是看不见的前方。如果一个教师将"年级成绩第一"作为职业理想，那么他对教育成功的认知就是不惜一切地获得分数，那么他的教育行动必然是急功近利的、以任务为中心的。反之，如果教师将"促进学生的个性成长"作为理想追求，那么他对教育的认知就会以学生为中心，开展的教育行动必定是将学生放在正中央。教育应该是属于理想的,越是在充满现实问题的世界里,教育越需要为理想而存在。从"雕琢"的角度来说,教师的专业精神就是职业生涯的远景图,理想决定了雕琢什么,认知决定了雕琢成什么,态度决定了雕琢得怎么样。可以说,教育中存在的很多问题和现象,看起来是行动的问题、方法的问题,实则是认知的问题,其纠正或者改变都需要从建立正确的认知开始。

教师的专业知识。教师从事教育教学工作必须具备的专业知识有哪些?这个问题其实并没有统一的答案。比较流行的说法是,教师的知识结构包括本体性知识、条件性知识、文化性知识和实践性知识,其中尤为重要的、最具有专业区分度的是实践性知识,它对教师的专业化具有解释和确认的双重功能。因为,实践性知识是教师将本体性知识、条件性知识和文化性知识充分用于教育实践之中,并通过体验、反思和感悟等方式获得的新观点、新认知。简单地说,就是教师在长期实践中形成的教育经验。它的确认功能体现在,一个人具有前三种知识未必是专业的教师,他可能只是教师资格证的获得者;但如果具有了前三种知识,并同时具备了实践性知识,那么他一定是优秀的、专业的教师。所以,我们所谈论的教师专业化,从专业知识的视角来说,更多地指向实践性知识的获得与呈现。这就是我为什么一再强调教师写作重要性的原因——作为专业教师,必须具有将"可言传的"与"不可言传的"两类实践性知识,通过文字方式表达出来的能力。毕竟,专业与非专业教师的差别就在于,能否将缄默的、内隐的实践性知识,借助逻辑和写作清晰地进行物化。

教师的专业能力。教师作为专业从业人员,必须具备一定的专业能力,才能确保所开展的教育实践符合专业规范。概括起来说,教师的专业能力可以分为三大类:一是教育力,包括教育教学设计、组织、实施、激励、评价以及沟通与合作等能力；二是学习力，是指教师获取知识、分享知识、使用知识和创造知识的能力；三是研究力，是指教师主动反思教育教学行为、系统探索教育问题改进方案、积极开展教育教学研究的能力。在这三项能力中，教育力最受重视，学习力相对薄弱，研究力趋于边缘化，从而导致当下的教师专业发展简单化或粗糙化，教师群体的整体能力严重下滑，所以需要引起每位教师的高度重视。其实，教师的这三项专业能力是一个完整的系统，教育力可以满足教师高质量履职的需要，学习力可以满足教师成长动力的补给、成长水平的提升以及专业效能的保障，研究力则可以满足教育实践创新、教育行动变革和高素质教师队伍建设等方面的需要。对于教师来说，研究力尤其重要，决定着每个人能否从专业历练走向品牌追求之路。

3

毫无疑问，教师专业化建设让教师职业走向了规范，促使每位教师在专业标准的引领下，或主动或被动地成了职业能力拥有者，也就是我们所说的合格教师，或者说成熟教师，甚至是优秀教师。但是教师的职业发展，不仅仅是应付得了工作、胜任得了岗位、完成得了任务那么简单，它更应该是一个自带系统、自主建构、自我成长的过程。也就是说，教师在完成以专业化为标准的"标准化"建设之后，还应该有更加宽广的成长道路可走。那就是凿井——凝练自己的思想，锻造自己的品牌，开拓自己的领域。

微信公众号的推广口号就很打动人心，它说：再小的个体，也有自己的品牌。教师自然也可以拥有自己的教育品牌。对于那些有品牌追求的教师，我给出的定义是：有个性鲜明的专业理念，有独立开展的专业创造，有以学养为基础的专业形象。那么，教师如何才能拥有自己的品牌呢？品牌的形成肯定不是一蹴而就的，而是精耕细作之后的积淀与收获。对于教师来说，个性品牌形成的过程亦是教育生命成长成熟的过程，通常需要一个相对聚焦的领域、一场独具匠心的建构，以及一份足够深远的努力。

寻找相对聚焦的领域。 万丈高楼平地起，无论是教育思想的形成，还是个性品牌的建立，肯定都离不开教育实践的基础。一个教师在经过十几年甚至几十年的专业历练之后，一定会形成许多教育经验和智慧。一般来说，这些经验和智慧通常不会均匀散布在教育实践之中，而是相对集中地指向某一个领域。这个相对聚焦的领域，就可以作为构建品牌行动的基地和基础，相当于万丈高楼的地基。确定相对聚焦的领域以后，教师的写作能力就开始显得尤为重要，它可以帮助教师将网状的经验，通过树状的思考，借助线性的文字表达出来，也就是我们所说的教育思想或理念。这个过程是品牌锻造的奠基阶段，是由经验型教师向研究型教师转变的开始，基本的路径可以概括为聚焦实践、反思经验、凝练观点、提出理念四个步骤。教师是需要思想的，有没有自己的教育思想，是判断一个教师有没有品牌追求的第一步。

进行独具匠心的建构。 教师教育思想或理念的提出，从本质上来说还属于教师对个人专业历练成果的梳理，更深层次的品牌锻造行动应该是在思想和理念之下，系统建构起教育创造的策略、路径和模式，让自己的教育理想和理念生发出行动的路线图，产生带着理想光辉的教育成效。通俗地说，就是让理念落地，让思想生根，让行动产生创造。在这个略显浮躁的教育环境之中，探讨这个话题有着积极明显的意义。当下并不缺理念，放眼望去，无论贫瘠还是丰裕的教育领域里，处处飘荡着理念和思想的气息。但是，这些理念和思想大多属于凭空而来，或者是无根之木，无法催生具体的教育实践，更无法获得独特的专业创造。所以，在理念提出或思想确立之后，最重要的就是要完成理念系统和策略体系的双重建构，那种独具匠心、不蹈覆辙的建构。

保持足够深远的努力。一个品牌的创立需要漫长的探索、艰辛的付出和不懈的努力。对于教师来说，在品牌追求的道路上要做到心理上的持久关注、行动上的持久实践、战略上的持久创造，才有可能确保品牌的形成以及有效的维护。其实，我们未必非要创造出自己的品牌，我们更需要的可能是品牌意识和品牌追求。也就是说，在经历过专业历练之后，无论在行政认可的道路上是失败了还是成功了，我们都应该有信心去追求涅槃般的突破，全身心地投入到寻找品牌、追求品牌的道路上来。因为，这是破解教师职业倦怠的需要，也是成就无悔人生的需要。苔花如米小，也学牡丹开。再小的品牌，只要有了不懈的努力，都会变成值得期待的未来。

这些文字是我最近的思考，借着本书再版的机会分享给各位读者，以此来表达我的感谢之心。

王维审
2023 年 12 月 6 日

自 序
教师成长五项攻略

书名《做一个会成长的老师》，包含的意思有两个：一是做一个愿意成长的老师；二是做一个懂得成长策略和路径的老师。

愿不愿意成长的问题，可供探究的空间不大——作为教师来说，成长是责任、是必须，无法拒绝。因为，学生与时代在变化，如果教师的教育方式不相应变化，就是一种落伍和退步。不进则退，一个只想着守住自己一桶水的教师，终会被江河的浪花所抛弃。所以，成长已经成为教师当下最为紧迫、不得不为的行动。那么，教师需要怎样的成长行动呢？这是一个十分复杂的问题，在这本书里，我试图从以下五个方面进行回答。

1 树立专业理想

有这样一个寓言故事，留给我的印象特别深刻——

唐太宗贞观年间，长安城内的一个磨坊里面有一匹马和一头驴，马在外面拉东西，驴在屋里推磨。贞观三年，那匹马被玄奘大师选中，前往西天取经。十七年后，那匹马驮着佛经回到长安。老马重回磨坊会见它的驴子朋友，谈起取经的旅途：浩瀚无垠的沙漠，高耸入云的山岭，苍茫的森林，神奇的国度……驴子听了大为惊异，他惊叹道："你有这么丰富的见闻啊！路途那么遥远，我连想都不敢想。"老马说："我们跨过的距离其实是大体相等的，当我向西天行进的时候，你一步也没停止，不同的是，我有一个遥远的目标，并始终如一地朝那个方向前进，所以我打开了一个广阔的世界，而你被蒙住了眼睛，一直围着磨盘打转，所以走不出这个狭隘的天地。"

这个寓言故事有很多个版本，我最喜欢这一个。因为，这个故事清清楚楚地揭示了优秀教师与普通教师的差异。我们经常会看到一些兢兢业业、埋头苦干的教师，他们有责任心、肯付出、能吃苦，可以说是将自己的身心都交给了教育岗位，但是，他们终其一生也成不了优秀的教师——教学业绩未必优秀，个人发展也不突出。其实，真正优秀的教师，他们未必比普通教师付出更多的时间和精力，却领略到了更多教育的美好，收获了更多人生的馈赠。究其原因，那是因为他们从初为人师时就确立了专业成长的目标，知道自己要成为怎样的教师，清楚自己要朝着哪个方向去做怎样的努力。所以，他们的努力是纵深的、有效的，而不是往复的循环、低效的劳作。

理想是灯塔，可以指引人生的方向，让所有的航行都有所获。如此，教师职业需要专业理想的牵引，才可以直直地向前，而不是转圈般循环往复。

2　坚持专业实践

魏文王问名医扁鹊说："你们家兄弟三人，都精于医术，到底哪一位最好呢？"扁鹊答："长兄最好，中兄次之，我最差。"文王再问：

"那么为什么你最出名呢?"扁鹊答:"长兄治病,是治病于病情发作之前。由于一般人不知道他事先能铲除病因,所以他的名气无法传出去。中兄治病,是治病于病情初起时,看上去只能治轻微的小病,所以他的名气只及本乡里。而我是治病于病情危重之时。人们看到我在经脉上穿针放血、在皮肤上敷药、用麻药让人昏迷,做的都是些让人觉得不可思议的大手术,所以以为我的医术高明,名气因此响遍全国。"

这个故事肯定有很多人听过,大都拿来强调"管理思维品质"的重要性。其实,人们对扁鹊三兄弟的评价,也反映了教师开展教育实践的专业性问题——教师应该怎样做教育。举个例子说,一个教师的教学成绩很突出,所带班级考试成绩比平行班级多出好几分,是否就可以依此判定这是一位优秀教师呢?我的回答是"不一定",这要看"高分数"是怎样获得的:是靠苛刻的管理挤时间而来,靠题海战术反复训练而来,还是靠高超的教育艺术而来呢?我们希望是后者,而后者需要的是专业实践。

以"数学定理"的教学为例,一个数学定理的教学,可能会有以下几种路径:一是直接讲解定理的内容,弄清楚题设和结论,由哪些条件得出怎样的结论,然后多举例子反复训练;二是教师讲解为主,告诉学生定理怎样推证而来,如何使用,然后巩固训练;三是引导学生主动探究,自主地推证、分析和使用,然后尝试利用定理来解决问题。这三种方式,第一种用时最少、最省力,第二种稍微多费些精力,第三种需要的时间和能力均超出前两种。并且,如果训练到位,三种教学方式的"即时"效果相差不大。但是,如果放眼未来,第三种教学方式无疑最能够培养学生的综合能力,也最为专业。

专业是朝向未来的,你今天播下的种子,也许要在他人手上开花结果。优秀的教师，在即时的教学评价中未必占优势，而长远的价值可能无法衡量，也可能无人去衡量。但，这绝对不应该成为教师放弃专业实践的理由。"功成不必在我"，应该成为教师走向专业实践、拒绝短效成功的底气。

3　开展专业阅读

2020 年，新疆有一条公路爆红网络，这条网红公路叫瓦恰公路，因像一条巨龙盘卧在大地上，所以也被称为"盘龙古道"。瓦恰公路全长 70 多公里，是一条为了方便牧民出行而修建的从塔县到瓦恰乡的公路，其中真正的盘龙古道全长 30 多公里，竟有 600 多个弯，还有不少是 180 度甚至 270 度的大弯，空中俯瞰就像游戏地图一样。为什么不把它修直呢？原因是瓦恰公路海拔跨度从 3000 米到 4100 米，落差高达 1100 米，如果修直了，就没有汽车可以开上去。

教师阅读是一件很拧巴的事情，大家都知道阅读是好事，却往往不愿意花费时间去读书。原因很简单，今天没有读书，似乎并不影响教学，倒不如拿出读书的时间多讲两节课。如此一来，教师专业阅读就成了"有用但不迫切"的事情，对它的态度自然也就变成了：有了空余时间和心情以后，再拿起书本安安静静地阅读。但是，因为"有用而迫切"的事情太多，读书这件事通常会被无期限搁置起来。

其实，教师职业要想获得真正的发展，要想达到理想中的巅峰，通常需要一段积蓄力量的过程。有很多教师，努力了很多年，拼搏了大半辈子，却只能看着高高在上的"成功"兴叹——自己根本就没有跨越平凡与成功之间距离的能力。原因是什么？就像那 1100 米无法直接抵达的落差一样，我们缺少了那 30 多公里的 600 多个弯。

阅读，就是一段漫长而缓慢的积淀过程，就是盘龙古道上那600多个弯。在关键的时候，阅读可以带你突破巨大的落差，直抵成功的顶峰。

4　善于专业写作

1897年，意大利经济学者帕累托偶然注意到19世纪英国人的财富和收益模式。在调查取样中，他发现大部分的财富流向了少数人手里。同时，他还从早期的资料中发现，在其他的国家，这种微妙关系也一再出现，而且呈现出一种稳定的数学关系：社会上20%的人占有80%的社会财富，即财富在人口中的分配是不平衡的。罗马尼亚管理学家约瑟夫·M.朱兰在管理学中采纳了该思想，认为不论在何种情况下，事物的主要结果只取决于一小部分因素，这就是著名的"二八法则"。

"二八法则"对于教师的成长同样具有启迪意义。对于教师来说，工作的内容、体量和时间消耗基本上是相近的，之所以有的人成功了，有的人平平无奇，在很多时候取决于"一小部分因素"。乔恩·戈登写过一本书《再加10%：从平凡到卓越》，这本书告诉我们：成功之道并不复杂，关键在于能否做好这个10%的"加法"。就教师而言，专业写作就是需要我们认真去做好的10%。举个例子来说，两位教师都对同一项教育改革进行了深入实践，其中一位只是认真实践了，而另一位则把实践经验进行了梳理和提炼，写成了专业学术论文，并且在学术刊物上发表了。那么，后者就比前者多做了10%，成了经验成果的持有者。

成功往往就躲藏在最后一步里。那么多优秀教师之所以停留在

"优秀"的水平,没有进一步走向卓越,缺少的往往就是专业写作这一行动。

5 开展专业研究

鲁班和他的徒弟们接受了一项建造皇家宫殿的任务,工程相当浩大,采伐大量木材的工作更是迫在眉睫。几天下来,他们师徒都累倒了,可是砍下的树木却远远满足不了宫殿建造的需要。鲁班心里开始焦急起来。有一天,鲁班的手被茅草划破了,渗出血来。他扯起一把茅草,细细端详,结果发现茅草叶子边缘长着许多锋利的小齿。正当他在琢磨其中道理的时候,忽然看见草丛中有几只大蝗虫飞快地吞嚼着草叶。他把蝗虫捉住,认真一看,原来蝗虫的牙齿上也长着密密麻麻的小齿。他心中一个念头闪过:要是我也用带有许多小锯齿的工具来伐树木,是不是就可以很快把树木锯断呢?于是,他就找铁匠师傅打制了几十根边缘有锋利的小锯齿的铁片,拿到山上去做实验。果然很快就把树木锯断了。鲁班给这种新发明的工具起了个名字,叫作"锯"。

由此联想到我们自身,在教育实践过程中遇到压力、困难和困惑的时候,我们应该选择怎样的应对方式呢?绕道而行,对困难视而不见?苦思而不得解,然后选择放弃?还是像鲁班一样用心去研究,最终找到解决问题的方案呢?我觉得,大多数人会选择绕道而行,一部分人会尝试思考但因无果而放弃,只有少数人才会走上研究寻道之路。当下,能够静下心来做研究的教师越来越少。特别是中小学教师,似乎已经习惯了向外寻求方法和策略,很少会有人愿意走上寂寞而枯燥的研究之路。

其实，教育研究除了可以帮助教师解决困惑、突破瓶颈，还可以不断垫高教师的思考，让其理念与视野一步步走向高处。我就是研究的受益者，一系列教育科学规划课题的研究，让我从简单的实践者走向了方法与策略的拥有者，走向了模式的探索与实践者，走向了理论的提出与建构者。我一直在想，倘若没有教育研究的介入，我可能永远只是一个颇具特色的教育实践者，永远不可能提出自己的教育理念，并在叙事教育的研究与实践中走得越来越远。

每个人的成功都有自己的样子，每个人的成长也没有什么可供遵循的法则。但是，理想、实践、阅读、写作和研究，这些关键词所表达的，应该是教师成长可以借鉴与值得研究的——虽不能确保成功，但可以一直让你走在成长的路上。

愿这些攻略，能让每一位教师在教育生涯的旅途中，遇到更多的风景！

王维审

2021 年 11 月 6 日

目录

■ 第一章　教师专业理想的确立与实现

- 走向明师：路径和能力　　　　　　　　　/ 3
- 走向名师：策略和意识　　　　　　　　　/ 13
- 爬坡意识是名师成长的精神储备　　　　　/ 24
- 走向良师：追寻和精神　　　　　　　　　/ 27
- 坚实的基础底蕴与基本能力　　　　　　　/ 34

■ 第二章　教师专业实践的理解与改进

- 关于专业：现状、困惑与思考　　　　　　/ 39
- 内容界定：理想、理念、知识　　　　　　/ 47
- 行动策略：自主、互助与引领　　　　　　/ 55
- 专业实践需要时间的"自留地"　　　　　/ 62
- 优化路径：认知、判断与思辨　　　　　　/ 65

■ 第三章　教师专业阅读的路径与推动

- 怠慢与破坏：教师精神世界的现状　　　　/ 77
- 改变与养成：教师精神世界的重建　　　　/ 83
- 种植与获得：阅读带来的额外奖赏　　　　/ 90
- 方法与路径：专业阅读的自我实践　　　　/ 98
- 探索与坚守：教师团队共读的力量　　　　/ 107

第四章　教师专业写作的发生与建设

　　教师教育写作：自主建构与经验表达　　　　　／117
　　一篇好文章的三个关键词　　　　　　　　　　／125
　　教育叙事写作：教育实践的故事性表达　　　　／129
　　教育案例写作：教育经验的系统性表达　　　　／137
　　教育论文写作：教育成果的逻辑性表达　　　　／148
　　教育主题报告：教育行动的外显性表达　　　　／159

第五章　教师专业研究的实施与突围

　　认知：如何理解教育研究　　　　　　　　　　／169
　　常识：关于教师专业研究的再反思　　　　　　／176
　　专业：走近教育科学规划课题　　　　　　　　／185
　　示例：中小学叙事教育的理论与实践研究　　　／191

后记：平凡与卓越　　　　　　　　　　　　　　／219
读者说：奔向成长的三条通道　　　　　　　　　／223

第一章

教师专业理想的确立与实现

　　专业理想是教师专业素质的核心和灵魂，是教师开展教育行动的精神动力，是教师专业成长的指路明灯。专业理想可以帮助教师依据自己的教育价值观，在对教育现实进行必要的批判与甄别的基础上，完成对教育追求的主体思考和超前建构，对专业美好发展状态的预设与期待，对未来美好专业图景的构想与展望。从明师到名师，再到良师，应该是诸多优秀教师的期待与追求，是专业理想不断递进的三个层级。

走向明师：路径和能力

从明师到良师的三重追求，其结构关系呈倒三角：明师居最上层，名师为第二层，良师则处于第三层。这个倒三角分布的关系模式，包含了两层含义：群体数量上，从上到下越来越少，走向明师群体的教师数量最多，走向名师群体的人数会大大减少，走向良师群体的为数不多；实践探索领域上，走向明师需要涉猎的实践领域最为宽泛，然后会越来越精深。也就是说，明师属于奠基性的成长层次，是所有教师都要经历的成长时期，其特点是群体数量庞大，成长涉及领域面宽。在这一时期，教师成长有两个明显的标志：一是知识的无限获得，二是能力的无限增长。

教师要继续做知识的接收者

教师一直被定义为知识的输出者和传播者，甚至一度被要求为建构者和创造者。但事实上，中小学教师这一群体首先应该继续成为知识的接收者。为什么说是"继续"？因为每一位成为教师的人，必定经历过漫长的系统学习和知识获得过程，都曾经是孜孜以求的学习者。只不过，一旦成了教师，走上了教师岗位，有些人就会主动放弃知识获得的机会，甚至躲避、排斥获取知识的各种可能和渠道，成为抱守一桶"死水"的教书匠。所以，这里所强调的"继续"，是指教师要沿袭曾经的勤奋和努力，像做学生时那样去主动学习教育教学知识，成为一个具有终身学习能力的成长型教师。

在学校调研时，经常会见到一些引人思考的事情。在一所小学，校长介绍了学校建设智慧校园的情况后，带我们参观了教室里配备的高科技教学设备，其中交互式电子白板最为显眼。据校长讲，早在五年前学校就已经为所有班级配备电子白板，教师更是人手一台笔记本电脑。为了了解教师使用信息技术开展课堂教学的情况，我随机走进了一间教室。教室里正在上课的是一位四十岁左右的中年教师，看到他的时候，他正拿着一根粗糙的小木棍在电子白板上敲打，并带着学生读生词。十几分钟过去了，电子白板上的内容始终未变。看我没有离开的意思，他不得不舍弃电子白板，拿起课本带着学生学习生词。下课后，我问他为什么不使用电子伸缩教鞭，他回答说"那玩意"不好用。问他为什么一直不切换电子白板上的内容，他说其实自己并不会用电子白板，因为有"外人"来，学校要求必须使用，他便让同事帮忙准备了那一点内容，接下来就不知道怎么弄了。

其实，这并不是个例，在接下来的调研中我偏重了解了电子白板的使用情况。事实上，绝大多数教师不到关键时候不使用电子白板，即使使用也只是用到最简单的功能，几乎没有人能够熟练掌握电子白板的各种功能，更不用说用它优化课堂教学了。原因在哪里？太复杂，太难用。当然，这是老师表达出来的理由。其根本原因在于，没有老师愿意花费精力去学习这项新技术。虽然学校组织过多次电子白板的操作技能培训，但是去听课的人很少。那些去参加培训的人，大多也是将其作为必须要参加的"会议",并非发自内心地想要掌握这项技术。不愿学习,不愿接受新事物,已经成为教师群体的通病,也是阻碍教育改革、影响教师成长的沉疴。

新时代教师已经远不是过去那种靠知识储备讨生活的教书匠,时代的发展要求教师必须具备强烈的学习意识,还要具备终身学习的能力。一方面,知识在储存之后只有保持更新才能像流动的泉水一样清澈,保证知识库永不浑浊;另一方面,通过学习获得的知识,不能自动产生利息,它需要借助新知识的汇入,通过新旧知识的交融、建构产生新的知识,并保持整个知识库的新鲜感与时代性。所以,很多教师固有的那种"学一阵子用一辈子"的传统师道观念,已经被时代抛弃。不仅如此,一个不懂得知识更新的教师,也迟早会被学生抛弃。因为,你无法走在学生的思维之前,甚至无法畅快地使用"黑板"。

带着"空杯心态"走向成长

当下最严重的问题是,教师根本就没有学习的意识和愿望。下面的这个案例就足以说明教师对学习抱持的普遍心态。

有一次,我们组织青年教师专项培训,邀请了知名专家为全区青年教师讲课。在培训现场,我看到坐在第一排的一个年轻教师,双手在会议桌的桌洞里不停滑动。走近一看,原来她在桌洞里放了一摞试卷——专家讲课的时候她在忙活着批改试卷。我坐在她后排的座位上观察了一阵子,发现她的桌洞里不仅有试卷,还有备课本和教学参考书。利用休息的短暂时间,我问她为什么不认真听课。她回答说:这些试卷都是明天上课要讲解的,必须抓紧时间批改出来;还有那些备课也是明天要讲的内容,今天必须完成……总而言之,这些事情都很急迫，是她必须要做并且值得违反培训纪律去做的"要紧事"。当问及她对教师培训的看法时，她坦言：如果没有什么事的话倒是可以听听，忙的话肯定就顾不上了。从这个事例中，我们可以看出有些教师在"成长"问题上存在着严重的认知偏差，甚至可以说是错误。概括起来说，主要有这么两点：

一是实用主义，只关注当下急需应对或直接可以产生效益的事情，看不到未来和远方的风景。有些教师喜欢把需要面对的事情分为"有用的"和"无用的"，并根据"有用的"价值高低来安排时间和精力。所谓"有用的"，就是那些能够迅速产生价值或者感觉能够迅速产生价值的事情，比如说今天多上了一节课，可能就会有赚了便宜的感觉，认为多上的这节课有可能让学生多考一点分数。所谓"无用的"，就是那些看似不能带来效益或者说可能会在很久以后才可以产生效益的事情，比如说读书、写作等需要长久坚持的成长方式，通常需要量的积累才能见到花朵和果实，就很容易被归在无用之列。前面的这位年轻教师明显就是这种认知，她把批改试卷看成是比参加培训更为重要的活动，所以才会在接到培训通知时不去准备听讲会用到的学习记录本，而是携带了大量等待批阅的试卷来参会。换句话说，她从一开始就没有打算去听专家报告，就觉得培训没有用。抱有如此的态度，再好的培训对她也不会产生作用，再精彩的引领也撬不动她批改试卷的决心。培训就这样成了一种"摆设"，成了一种耗时费力的无用功。

当教师以这种浅显的目光来规划成长行动时，其专业发展必然会走向简单、重复和狭隘。著名作家王尔山曾经写过一个童话故事《收藏阳光》，讲了一只名叫弗雷德里克的小田鼠，当伙伴们都在忙活着朝田鼠洞里运粮食时，它却时不时地停下来收藏阳光、单词和颜色。

大家都嘲笑它收藏的东西既不能充饥也不能解渴，但它依然坚持在收藏粮食之余，不辞劳苦地收藏一些"无用之物"。当冬天来临，田鼠洞里又黑暗又潮湿，弗雷德里克拿出自己收藏的阳光、单词和颜色，在阴冷的严冬里温暖了大家的心房，营造了一个春天般的生活空间。这个故事告诉我们，对于人的一生来说，物质储备和精神力量同等重要，那些看似无用的阳光、单词和颜色，恰恰是未来时日里成就自己的关键因素。也就是说，教师在成长的道路上，既要为当下的有用之事而努力，也要竭尽全力对未来和远方负起责任。

二是自我满足，总以为自己的知识和能力完全可以应对教师职业需要，对外来经验不屑一顾。自我满足是人生的死海，当一个人认为自己当下的拥有已经能够满足需要，就容易停下进取的步伐。有的教师感觉个人的知识储备已经远远超过学生的，自己的一桶水足够用一辈子，不需要再去学习和吸纳新鲜的知识；有的教师自我意识比较强，感觉自己就是高度和中心，不能虚心接受他人的建议和经验，表现在培训上便是无端地怀疑、排斥和否定专家成果。在培训现场，时常会听到一些受训者的任性点评：就他这做法，肯定带有吹牛的成分；人家那是什么学校、什么硬件、什么学生，就咱们这条件能做到我这样就不错了；别看他讲得欢，让他来上节课试试……这种略带盲目自大的自我满足，对于教师的成长副作用极大，很容易在悄无声息中摧毁一个人的成长意志。

没有最好，只有更好。这句广告语告诉我们：永远不对自己的现状满意，永远向着更高的目标前进。这是一种纵深的自我比较：对于同一个人来说，今天的你就要比昨天的你成熟一点，明天的你就要比今天的你更好一点，这就是成长。我们的身边不乏备一节课上一辈子的人，不乏永远重复"昨天的故事"的人，不乏抱着"一招鲜吃遍天"幻想的人,他们所缺少的就是与自己比的勇气。同时,中国还有一句谚语:人外有人,天外有天。意思是说,高明的人上面还有更高明的人,就像我们看见的天之外还另有天一样。这是一种与他人的横向比较,这种比较可以帮助教师意识到自己的不足,放低自己的身段,始终保持蹲下去准备跳起的成长姿态。通常来说,自我满足往往自带清高感,容易以自我为中心。作为教师来说,记住这句广告语以激励自己,记住这句谚语以平抑自我,是走向成长的第一步。

功夫巨星李小龙说:"清空你的杯子,方能再行注满。"要想成长,就先要把自己想象成"一个空着的杯子",里面既不填充狭隘的观念、惰性的思想,也不保留过去的荣耀、曾经的低落,以纯粹的虔诚全力以赴,如此才能在成长的道路上走得踏实、走得久远。

啃读是最专业而有效的学习

教师学习的路径很多,最基本的有两个:一是参加培训,二是走进阅读。培训是经验获得最直接的一种方式,是教师教育能力和理念得以改善、优化和提升的重要方式。读书则是一种自我研修,是指教师通过阅读他人的实践成果与经验来比对、校准和修正自己的成长实践。前者我们在前面已经提及,下面我想说说教师的阅读问题。

我们区有一个骨干教师培养项目,培训内容中有专门的阅读任务。阅读的底线要求是"每月读一本书",并完成一份"读思用"写实表,其中写实表中"读书感悟"及"实践应用"部分要确保原创,杜绝抄袭。将第一个月的"读思用"写实表收齐后,我们专门组织人员进行了批阅,批阅的结果让我们大跌眼镜:300份作业,被评为优秀的数量与不合格的数量相当,而所谓的优秀作业不过是无抄袭、字数达标、质量相对较好而已，被判不合格的那些则大多因为抄袭（其中绝大多数为大篇幅抄袭）。这些骨干教师都是历经层层选拔才得以脱颖而出的，在我们"不求质量只求原创"的超低要求之下，为什么还会有人选择抄袭？在与其中个别人交流时，他们给出的答案令人啼笑皆非：工作太忙，哪有时间读书！

因为太忙而忽略了成长，本质上是对阅读的意义和价值缺少必要的认知。我大体将阅读的价值划分为三个层次：有影响，读一本书最基本的作用就是促使人"去对比"，拿作者的经验与自己的实践进行比较，在比较中思考与追问，这也就是我们常说的反思；有改变，当一个人在阅读中有了思考、有了想法以后，最为重要的就是立刻去行动，去修正、提升自己的教育实践；有创造，意在强调"去生成"，就是在他人提供的经验背景下不断产生自己的想法，在他人提供的营养中不断生长出自己的力量和经验，直至发现超越于著作的新思考、新主张和新理念。而啃读就是为了逐层实现这些价值。

走向明师就要不断增长能力

教师的能力与知识一样，也需要不断更新、不断成长。从本质上来说，教师走向明师的过程就是能力建设的过程。但是，教师群体的能力建设存在"小富即安"现象，往往满足于既有经验的重复使用，缺少对经验的深化性创造和提升。

几年前，我给一家杂志组稿。在众多的投稿中，我发现了一篇六千多字的稿件，其中的一些内容比较契合栏目主题，便与作者孟老师进行了交流，选择了其中一部分能够说明问题的内容。我所截取的这部分内容，主要讲了孟老师对一个班级事件的处理过程。

为了更好地说明问题，我对这一事件做个简要描述：学校要召开秋季运动会，要求各个班级在入场式上进行班级风采展示。孟老师带高一，学生刚刚入学不久，新的班集体还处在"建设时期"，正需要借助这次活动凝聚班级精神。但是，孟老师班里有一个女生因患小儿麻痹症，身形和走路姿势都很特别，极容易引起周围人的关注。这个女生如果出现在风采展示现场，不仅容易对她造成伤害，还有可能影响班级的展示效果。于是，孟老师便把这件事情问计于学生。首先征求当事女生的意见，是否愿意参加展示活动。在女生明确表示愿意参加活动后，便开始讨论如何既能够让女生参加活动，又能保证展示效果，还不伤害女生的自尊。经过讨论，拿出了一个方案——让女生穿上卡通服，饰演一个笨笨的卡通人物。就这样，这个女生东倒西歪的本色"表演"赢得了全校师生的掌声，一个棘手的班级问题就这样获得了解决。当时，我感觉孟老师能够充分尊重学生的意见，其经验和做法具有一定的创新性。同时，我对他借助"卡通服"遮蔽学生身体缺陷的做法也十分欣赏，经常会在谈教师教育智慧时拿来作为案例。

前几天，我到一所学校参加活动，恰好这所学校邀请了孟老师为青年教师做讲座。在讲座中，孟老师抛出了前面案例中的问题：假如你的班级中有这样一个形体特殊的学生，在面对类似的问题时，你会怎么做？很明显，年轻教师们被这个看起来很专业的问题给难住了，好几位老师的发言都不能让孟老师满意。坐在台下的我，自然想起了他当年在文章中所写的做法。我想知道，这么多年过去了，孟老师会不会对当年的做法有新的改进或解读，便积极参与了他的发问，并对整个问题重新进行了思考。当再也没有年轻教师回答他的问题时，孟老师分享了他的智慧做法，依然是当年的"卡通服"经验。而我在思考的过程中突然生出了一些很奇怪的想法："卡通服"经验的的确确解决了彼时的班级难题，但是否解决了女生的成长难题呢？这么多年过去了，孟老师为什么没有去寻找更好的解决方案呢？

在活动总结环节，我专门就孟老师的案例进行了追问，并分享了我同学的故事。我读初中的时候，班里有位同学从小身患残疾，身体非正常发育，不仅身高永远停留在一米二左右，胸前背后还各隆起一个大大的包。初见他，每个人心里都多多少少会有一种战栗感，以致很多人不敢与他接近。但是，我这位同学极其开朗，不仅不在意他人怪异的目光，而且与老师、同学交流也表现得大大方方。慢慢地，我们不再畏惧他的"怪异"，也已经感觉不到他的"特殊"。只有和他一起走在路上，一双双目光投向我们、投向他时，我们才会忽然记起他的"特殊"。但是，他会迎着投向他的每一束目光微笑，会主动与目光后面的人打招呼。如此，他每到一处，大概的过程都是一致的——先是周围人的诧异目光，然后是他淡定安然的微笑，然后是所有人的习以为常。后来，我的这位同学做起了生意，有了自己的店铺，娶了妻生了子，过上了正常人的幸福生活。我们经常会见到一些身体有残疾的孩子，父母或周围的人会小心翼翼地掩饰他们的"残缺"，结果却是让这些孩子越来越走向自我封闭，最终也破坏了他们自我生存的能力。

我讲这些，其实是想更进一步地去反思孟老师的"卡通服"经验。毋庸置疑，"卡通服"经验在应对班级管理难题时的确具有一定的专业智慧，但其成功性仅限于解决了彼时彼地的班级问题。整个过程看起来似乎始终在考虑如何避免对女生造成伤害，最终也确实避免了对女生的伤害，但并没有关注女生更为长远的人生。其实，对于这个女生来说，最大的问题并不是避免某一次尴尬，而是如何坦然地面对未来很长、很远的生活。其实，这个女生进入这所学校本身就是一道人生难题，她需要一种力量支撑她去把整个校园变成熟悉的、没有异样目光的生活场域。放眼一生，她还需要去面对无数陌生的场域，像平常人一样坦然去面对。

于此，我更想说的是，教师的能力建设永无止境，没有经验可以一劳永逸。若想成为明师，就必须不断修正自己的教育经验，提升教育能力，做一个永远走在路上的成长者。

走向名师：策略和意识

总的来说，明师群体的发展主要处于实践层面，核心追求在于通过知识的更新与能力的提升，不断优化教育实践，提高实践效益。再进一步，名师通常具有了足以应对甚至超越职业需求的教育实践能力，精于实践已经成为其职业生命的常态。所以，在走向名师的过程中，教师专业发展需要加强三种意识建设，分别是反思意识建设、成果意识建设和研究意识建设。

反思意识是名师成长的前提

反思意识就是向内寻求经验与教训的意识。在教育教学中，教师取得了成功，如果不去反思获得经验，那么这种成功往往就是暂时的，很容易被忽视与忽略；发生了失误或产生了错误，如果不去反思，就可能会一次次"重蹈覆辙"，倘若认真开展反思，失误或错误就有可能成为教育变革的契机。所以，当面对一件事情或一个结果时，有没有让反思参与其中，就决定了教师能不能由此获得成长。我曾经写过一篇《"汉奸"之伤》的文章，里面记载了一个真实案例：

当我走进教室的时候，看见值周班长小A正趴在桌子上哭泣。我问周围的同学发生了什么事情，他们一个个闭口不言，并迅速跑到另一边，看热闹似的盯着我和小A。没办法，我只好把小A叫出教室，来到墙角的僻静处。望着满脸泪痕的小A，我有些心疼地问："怎么了？能告诉老师发生了什么事情吗？"小A忍不住又哭了起来，边哭边说："他们一伙人把我堵在厕所打了一顿，还说我是班里的汉奸。"

他们？不用说我就知道"他们"是谁。班里有一个小团伙，参与的人都是些不愿意学习的学生，他们上课不听讲还扰乱课堂纪律，下课不老老实实休息到处上蹿下跳。在接手这个班级时，前任班主任就告诉我一句肺腑之言：要想管好这个班级，就得想法把这几个家伙清理出去。想到这些，我恨得牙根疼：好小子，你们竟然欺负到班干部头上了，打班干部不就是打我的脸吗？看我怎么收拾你们！

远远地，他们一伙人打打闹闹地从厕所方向往教室走来。我强压心中的怒火，两眼死盯着这群臭小子。他们离教室越来越近，喧哗的声音也听得越来越清楚："看看刚才他那个熊样，还有一点当官的样吗？""真解恨，看他天天跟在老王后边当汉奸就不爽，解恨啊！""咱这算是为民锄奸吧！""嘘——"猛然间，一个眼尖的小家伙看见了站在教室不远处的我，赶紧把手指放在嘴巴上向同伴做了一个"静音"动作。几个人几乎同时伸了伸舌头，耷拉着脑袋慢腾腾地走过来。我两手攥得嘎巴响，怒火已经从心底灼烧到头顶，只需要再近一点点，我就……哗哗哗，一阵掌声从教室里传出来，接着就是全班同学整齐划一的欢呼声："欢迎英雄！欢迎英雄！"我一下愣在了那里，他们怎么成了英雄呢？

当班干部被班里的学生群殴时，你会怎么做？通常的做法是：怒火中烧，先把打人的学生处理一顿，然后再到教室里把起哄喊"英雄"的学生揪出来，然后逼着他们向班干部道歉。这种做法简单易行，用班主任的权威就可以实现。但是，如此解决，只能是暂时"摁下葫芦"，用不了多久就会重新"浮起瓢"。我觉得，很多班主任之所以天天忙得不可开交，除了面对的事务性工作确实过多以外，还有这样一种因素存在：用看似简单的方式解决问题，导致问题"一而再，再而三"地出现，班主任也不得不反复面对同类问题。治病不除根，除了要付出更多看病的时间与精力外，还会导致病情越来越严重，直至不可救药。事实上，班级管理的很多问题就是这样导致了"崩盘"。倘若我们具备反思意识，那么事情就会是另外一个样子。

我来讲一讲我当时的做法——

我那即将喷薄而出的怒火，竟然被突如其来的掌声和欢呼声给压了回去。我很清楚地知道，如果此时现身于全班同学面前，他们会很害怕，而我则会很尴尬。于是，我把小A安抚了一番，灰溜溜地绕到教室的另一侧回到了办公室。余怒未消，新惑已至：打人的"坏学生"为什么会被全班同学捧为英雄呢？我越想越乱，便与办公室里的同事讲了整件事情。"这个必须来个杀鸡骇猴，把领头打人的和带头欢迎的一起开回家！""唉！现在的学生，你不来点狠的真是不行，让家长过来收拾他们吧！"没想到，越交流越心烦。

晚上，吃过晚饭，我打开笔记本开始写日记。当我把事件的来龙去脉一点点写出来后，一个想法突然冒了出来：既然全班同学都觉得小A该打，那么会不会是我的班级管理出了问题呢？于是，我对自己的班级管理方式进行了认真的反思和梳理。那个时候，量化管理刚刚被引入班级管理，值周班长制度也开始盛行，我算是把值周班长制度和量化管理结合得比较"科学"的一个人。通常，我会培养几个特别认真负责的值周班长，让他们按照班级量化管理细则把每个学生每天的表现"量化"出来。比如，某某未完成数学作业，扣 3 分；某某上课回头说话一次，扣 1 分；等等。如此一来，即使我不在班里，值周班长们也会把班级情况通过数字汇报到我那里，然后我再把违纪的学生挨个训斥一通。站在我的角度看，这些值周班长是我的助手，是在帮助我管理班级；可是，站在学生的角度来看，他们不正是告密者、帮凶和"汉奸"吗？

我豁然开朗，这并不是一件简单的学生打架事件，也不是"坏学生"与优秀班干部闹了矛盾，而是我的班级管理方式出了问题。第二天，我郑重地向班干部道了歉，因为我让他们成了"汉奸"；我也向全班同学道了歉，因为我在班里塑造了一种"汉奸"文化。然后，我用了整整两个星期的时间与学生一起探讨班级管理，尝试改变自己的教育之道，探索新的班级管理艺术。这种基于反思的教育实践，解决问题的速度可能会放慢，但触及的是问题的本质，化解的是问题的本源，最终肯定会收到事半功倍的回报。

我想，所谓名师，就是这样一些人：在所有人都把问题与错误当作寻常的时候，他们会主动去进行反思与建构，会努力把失败与失误经营为成长的资源。

成果意识是名师成长的关键

在学校里，我们总是可以看到很多教师，勤勤恳恳任劳任怨，教学成绩不错，班级管理也顺畅，但从成长的整体效果上来看，却"种树不见果"——走了很久，却走不到更远；做了很多，却无法做到更好。在与老师们交流的时候，也经常会听到老师们"事倍功半"的抱怨——自己付出的与收获的不成正比。

我想，无论是实践上的"种树不见果"还是感受上的"事倍功半"，其原因不外乎以下两个习惯：一是不向前看，做事情没有规划意识，习惯于"脚踩西瓜皮，滑到哪儿算哪儿"，在思维和行动上都存在"近视"行为，只管当下、就事论事，所以往往会因为"事倍功半"导致成长缓慢或停滞；二是不向后看，无论工作精彩与否，都欠缺一个回望和反思的过程，所以失误得不到纠正和完善，经验得不到总结和提升，从而导致教师成长的速度大打折扣。而如果把这两个因素结合起来看，那就可以归结成一个问题——在专业成长问题上，绝大多数教师缺少必要的成果意识。

　　什么是成果意识？这里的成果意识可以有两个维度的理解：一是目标性成果，就是要求教师要有导向思维，在做事情之前能够弄清楚预期的结果是什么样子，并由此去规划、确定获得理想结果的最佳途径；二是终结性成果，就是要求教师要有句号思维，在经历或完成一件事情后，能够及时总结经验、反思教训，梳理提炼出一线实践成果。成果意识包含的这两种思维，既关注了教育实践的开头，也注重了教育实践的结尾，对于教师的专业发展和成长具有十分重要的价值。从现实来看，凡是能够获得较大成功的教师，几乎都具有强烈的成果意识。可以说，成果意识是一个教师走向"有名"的关键因素。那么，如何树立成果意识呢？我认为，可能的路径有两个。

　　其一，善于设定方向，制定目标性成果。以目标为导向，用成果来倒逼，是促进教师成长的一种重要方法。无论做事还是成长，我们都必须要有清晰的目标，需要预设一个值得追求的目标成果。一旦明确自己想要的成果，教师的教育实践就有了动力和激情，在行动时就可以跳出"手段"的低视角，就可以想到一千种办法去实现，想到一万种办法去解决。在以倡导教师读写行动为标志的"叙事者"团队中，亦有部分教师缺少目标意识，只知道埋头写教育叙事，并不知道自己将要写到哪里、走向何方。如此日复一日地低头拉车，看到的只是脚底下的一小块土地，心中自然不会有大的原野，也就不会有快速的进步和卓然的收获。所以，我建议"叙事者"们树立目标性成果意识，每半年给自己定一个需要实现的小目标，比如这个学期我要发表三篇文章。一旦明确了"发表三篇文章"这个目标，你的写作就有了动力和方向，你就会千方百计地去观察生活，寻找值得记录的事件，逼着自己提升写作的水平和质量。也正是因为有了这样的追求，你才会有动力去投稿，去寻求他人的指导和帮助，也才会有成功的可能。并且，有了第一篇文章的发表，你马上就会有发表第二篇的愿望，然后第三篇、第四篇……也就拥有了继续前行的动力和勇气。我想，不仅是"叙事者"的写作活动，所有教师的任何成长活动都是如此。

其二，善于总结提炼，形成终结性成果。每一个教师在教育实践中都会收获或多或少的经验，却很少有人愿意沉下心来，完成一次系统的思考，为自己的成长构建一个完整的行动体系。这也是绝大多数教师无法形成自己的教育特色，无法提出自己的教育主张，无法获得真正成长的主要原因之一。对于教师来说，最重要却又最容易被忽略的能力就是——画好每一件事情的句号。其实，我们每经历一件事情，每走过一段路途，都会获得一些经验或教训。很多时候这些经验或教训并不会直接呈现在我们的面前，需要我们采用"回望"的方式去挖掘，使用"淘沙"的方法去萃取。而成果凝练的主要方式当然就是写作。用文字把经验或教训物化下来，需要经历一系列缜密的思考和逻辑的建构，这个过程可以提高教育实践的效度，这也就是为什么"写比说难"的重要原因。而恰恰是因为"难"，才更有价值和意义。"叙事者"倡导每周一篇教育叙事，其实就是在帮助教师形成画句号的习惯，把每一件值得完成的事情都画上圆满的句号。

名师之"名"，在于教育实践过程的高效与高位，在于教育实践结果的优质与优秀。所以，要想成长为名师，就要树立起坚定的成果意识，以目标成果引领、指引自己的教育实践，以终结性成果梳理提升自己的教育经验。

研究意识是名师成长的保障

在我读小学和初中的时候，村子的西边有一座很大的煤矿，每天进进出出都是运煤的卡车和拖拉机，生意很是兴隆。当时我很羡慕煤矿工人，可以拿到高工资，吃到白面馒头，手脖子上还戴着明晃晃的手表。大概在我读高中时，这个煤矿就垮掉了——煤炭被挖干净了。现在想来，在这个世界上注定有一种企业会垮掉，那就是煤矿。这是因为，煤矿赖以存在的煤，是亿万年前大量植物埋在地下慢慢形成的。因为煤形成时间的久远与速度的缓慢，煤矿几乎只"输出"不"输入"，其最终的倒闭也就成了一种必然。

其实，就像煤矿的宿命一样，有一类教师也注定会走向平庸。在一次读书活动座谈会上，有一位年轻教师分享了自己"被要求"读书时的心态：我读了近二十年的书，通过了数不清的考试与选拔，好不容易走上了教师岗位，为什么还要让我去读书呢？我是教师，不应该是去教学生吗？这种认知，在很多教师的内心根深蒂固，并深刻影响着教师对于在职培训和学习的态度。在有些教师看来，教师就是教书育人的，职责是向他人传授知识和能力，不需要再去学习或者参加培训。这种观点很像煤矿的宿命：守着已有的资源，不辞劳苦地输出资源，最终把自己的未来引向枯竭。像这样只输出不输入的教师，可能会在职业生涯中走到某种程度上的高地，但最终都会走向终结或者平庸。就这一点，大家可以回忆一下二十年前你所尊重的"名师"，现在的他们是否还值得你去崇拜？如果值得崇拜，那么他一定不会是靠啃老本生存的教师，而是一个不断学习、不断补充能量的成长型教师。如果不值得崇拜，分析一下他的职业轨迹会发现，他肯定因循了"煤矿型"的生存模式。

如此来说，教师专业发展应该是一个不断寻求变化，不断为成长赋能的过程。在这里，不断寻求变化是教师专业发展的前提，是教师开展学习活动和职业行动的必需。有的教师抱守着最初的某种教育认知，从未想过要去改变，也不去考虑这种认知是否还跟得上时代的演绎和变迁，整个职业过程就是"以不变应万变"的固守。其实，对于教师来说，暂时落后并不可怕，可怕的是落后了自己不知道，更可怕的是落后了还以为自己在领跑。正是基于这样一种心态，很多教师在被要求参加学习或者培训活动时，心里首先就会预设——他们的都不如自己的好，甚至会有"老子天下第一"的盲目自负。自然，他们也就不愿意参加培训，更不要说主动学习了。一个教师，如果长期被这种认知所蒙蔽，被这种想法所捆绑，那就失去了成长和发展的可能。所以说，教师要想成长，首先得自己承认不足并愿意成长，缺少了这一点，其他的也就无从谈起。

再说为成长赋能的问题。这个赋能并不是简单的输入和借鉴，也不是单纯的学习和吸收，而是一种能够将外来知识与内在结构紧密融合的深层次的研究行动。什么是研究？我们可以从煤的形成过程得到一些启示：远在三亿多年前的古生代和一亿多年前的中生代以及几千万年前的新生代时期，大量植物残骸经过复杂的生物化学、地球化学、物理化学作用后转变成煤，从植物死亡、堆积、埋藏到转变成煤经过了一系列的演变过程,这个过程中所经受的各种作用总称为成煤作用。也就是说,从树木等植物到煤炭的转变离不开两个因素:一是时间,二是化学作用。其中,化学作用是把一种物质变成另一种物质的手段和路径。

类比到教师的成长,我们从别人那里学习和借鉴的知识,以及我们自己储存和生成的知识,就像是成煤运动中各种各样的植物。想要把这些植物变成具有更大能量的煤炭,则需要进行必要的化学作用——教育研究。所以说,教育研究是把外来经验与内在生成进行融合、建构和创造的过程,它可以将松散的、薄弱的力量,变成具有强大能量和力量的成长动力。对于教师来说,之所以成长力不足,通常源于这样两个问题:一是不愿意学习,也就失去了任何成长的可能;二是只学习借鉴,不开展问题研究,相当于直接把树木当成柴火烧掉,为成长提供的能量微乎其微。所以说,研究是比学习更有益、更深入的一种成长方式,是教师走向名师或者做好名师必须具备的一种成长方式。

我们常说教师像蜡烛,照亮了学生,燃尽了自己。其实,教师更应该像一盏油灯,在燃烧自己的同时不断为自己赋能,确保自己可以源源不断地发光,持续不断地照亮学生。在我看来,"油灯"模式是比较理想的一种教师发展理念:以研究赋能,既成就学生,也发展自己。

自我培养是名师成长的内在主因

关于教师的成长,学校能够给予的支持薄弱而又脆弱,主要表现在两个方面:一是数量上的星星点点,当下学校对教师的成长引导主要是靠物质和精神上的激励，比如评先树优、绩效考核等，这就造成了被激励教师数量上的"绝对少数"，甚至出现激励少部分、打击大部分的现象；二是质量上的水过地皮湿，目前学校对教师培训的重视远不如使用上心，只"用"不"培"现象严重，教师更多地被学校视为产业工人，学校很少会关注教师的专业发展，诸如因为担心培训会耽误教学而不愿意组织教师参加培训的事件比比皆是。基于这种现状，教师成长在更多时候只能依靠个人努力，自己培养自己、自己成长自己之类的行动在教师成长中就显得尤为重要。而自我培养、自我成长的关键就是前面提到的三种意识指向的三种能力，即自我反思能力、成果提炼能力、专业研究能力。

自我反思能力。反思能力，就是检查自己、总结自己、梳理自己、提升自己的能力，通过自查自纠、自我革新，一个人能够不断获得进步。当下，国家对教师培训的重视程度越来越高，教师获得培训的机会也越来越多。但是，教师参与培训的积极性和参与度却不理想，很多人将专业培训当作一种任务甚至是负担，一些培训的怪现象频频出现：参加网络培训，通常会空挂设备，将专家讲座当成个体活动背景，一边刷进度一边忙活其他事情的做法渐成主流；参加线下培训，要么睡觉、玩手机，要么想方设法逃课去逛街；当不得不完成一些学习反思任务时，首先是牢骚满腹，然后是百度搜索、复制粘贴。诸如此类的种种现象，凸显出教师自主学习意识的淡薄，也透露出教师自我反思意识的欠缺。其实，教师需要一些必要的"自卑"认知。明确知道自己的不足和存在的问题，才有可能产生去学习、去提高的想法。自我改善的想法有了，即使没有机会参加培训，自己也会创造机会去学习。如此，教师培训中存在的问题也就不复存在。

成果提炼能力。在学校工作时，我经常会发现一些老师的班级管理井然有序，教学成绩也比其他人高出一大截，于是想让他们把经验讲给老师们听。但是，这些人思考很久，竟然无法找到自己的独到之处，并不清楚自己为什么做得"这么好"。会做不会讲，会讲不会写，这是一线教师身上普遍存在的问题，也可以说是成长上的瑕疵。其实，每个教师都算得上一个称职的实践者，在教育教学实践中都有规范性的做法，或者有比较成形的经验套路。但是，让这些老师把自己怎么做的讲出来，却很少有人能够把经验和做法表达清楚。至于写作，对于大多数老师来说更是一种挑战，修修改改大半天，也写不出几句让人明白的话。这些问题的本质，其实是缺乏成果提炼能力，也就是欠缺表达顺序、逻辑建构和系统生成的本领。做与讲属于比较"随意"的行为，而写作是理性而刻意的雕琢，必须具备一定的逻辑力，也就是成果提炼的能力。

专业研究能力。专业研究能力是比较高位的能力要求，也可以看成是对名优教师或者发展性教师的成长要求。这种研究能力，不仅仅是指开展课题研究的能力，还包含对任何问题持有研究态度，对任何行动持有研究意识，对任何理念持有研究能力，等等。研究能力对于教师专业发展的价值，通常包含两个层次：一是让教育实践更加接近科学与理性。研究有助于教师建立科学思维与科学认知，以及理性思维，从而让教师的教育行为更适合学生的发展。二是让教育生活更加趋向幸福。教师的实践烦恼大都来自无休止的重复和无限度的单调，研究可以让教师的实践指向问题探究及解决。教师在探究与解决中能够感受到幸福和快乐。

爬坡意识是名师成长的精神储备

有些老师工作很认真，教学成绩也不错，却总有种碌碌无为的感觉——既觉察不到个人能力的提升，也体会不到职业的成就感。作为一个很有成长愿望的人，通常会为自己的"停滞"而感到困惑和不安。这一现象比较普遍，我也曾经历过。

其实，教师在工作六七年后，大多数人在单位里已经有了稳定的"地位"——好的，已经不用再去证明自己的"好"；不好的，已经不屑再去证明自己能够"好"。换句话说，有的老师在这个阶段开始选择顺其自然，开始心安理得地默认当下的"好"或"不好"。这是教师群体走向倦怠的核心原因，表现在意识层面，那就是对成长缺少质疑和追问。如果我们想要走向名师，激发动力、保持动力就尤为重要。

在当下，教师的成长大多属于自然发生的经验累积。所谓自然发生，就是教师无意识地在应对工作岗位职责过程中自然而然发生的；所谓经验累积，就是经验在长久的实践中天然地沉淀下来，趋近于文物包浆的形成或者茶垢的由来。一个工作多年的教师，一定会有经验层面的积累，并且随着时间的递增，积累的数量也会越来越多。但是，这种积累极其缓慢，在匆匆流逝的岁月长河里会让人产生停滞感。还有一个更重要的问题,这种经验累积型的成长大多属于浅层次的,就像卖油翁的"手熟尔"一样,属于熟能生巧的表面功夫,几乎不会有根本上的创新性成长。

很明显,这不是教师专业发展所需要的成长。那么,我们到底需要什么样的成长呢?我觉得,当下的教师最需要"爬坡式"的成长,那种具有跨越甚至颠覆品质的冲击性成长。这种"爬坡式"成长的逻辑,可以从两个互为因果的逻辑进行解读:有坡度,才有高度;有高度,才有坡度。前者解释了"爬坡式"成长的重要性,后者解释了怎样才能走上"爬坡式"成长的正确道路。

我们先来谈第一点——有坡度,才有高度。昨天晚上,我参加了王亚楠名班主任工作室的读书交流活动,一位工作室成员在分享感悟时说:"作者写的这些做法和经验,有很多我们也做过,但是作者写成了书,我们却什么也没有留下……"这个感悟很真实,是发自内心的一种醒悟式的表达,也是大多数教师教学日常的再现。对于很多教师来说,做了很多事情,解决了很多问题,却没有让这些实践和经验的价值最大化,既没有对实践进行回顾反思,也没有对经验教训进行梳理提炼,从而白白浪费了本可以助推自己成长的实践营养。其实,这也是造成教师成长不可见或停滞的主要原因之一。

如果我们认真分析教师的教育实践,就会发现大多数人只是随着教育生活的洪流亦步亦趋,行为轨迹更近似于一条水平线——毫无坡度可言。我觉得,对一件事情而言,做了,一直做,重复着做,就是"非爬坡式"的成长;做了,一直做,在不断改进中持续做,就是"爬坡式"的成长。还是以那位成员的分享为例,如果每位老师在解决完一个学生问题后,都能够对解决的过程和结果进行有效的反思,就可以发现事件处理的不足或经验;如果对这些不足和经验进行有效的处理,或改进或提升或形成可供借鉴的样本,就可以在以后处理类似问题时有更好的思路和策略，问题也就会获得更加完美的解决。如此，做—反思—改进—更好地做—更好的成效，这就获得了"爬坡式"的成长。我一直认为，有坡度的远方才有高度，那种一马平川的平坦大道，只会让你停留在同一水平上。

再来谈第二点——有高度，才有坡度。为什么很多教师一生碌碌无为呢？那是因为他们缺少了"爬坡式"的成长。如果再继续追问，他们为什么没有进入"爬坡式"的成长呢？答案显而易见，他们没有规划出教育人生的坡度。其实，坡度是需要规划和寻找的，要想在爬坡中获得成长，就要先拥有可供攀升的斜坡。甚至，我们还可以继续追问，为什么他们没有自己的斜坡呢？我想，这是因为他们缺少斜坡形成的另一端。教师行走的起点和一段时间后的终点，如果存在于一条水平线上，那就是随波逐流的"一马平川"。要想建立起必要的坡度，就必须把打算要落脚的地点设计在高处，也就是要有高处的理想。

当一个教师将行走的终点置于较高的地方，脚下的起点与终点之间就形成了一个坡度，也就有了获得"爬坡式"成长的斜坡。这也就是我所说的，只有树立了高远的目标，人生才会拥有可供攀爬的道路，也才有可能走向真正的成长。为什么现在很多教师没有行动的激情和动力？大多是因为理想的缺失。在与一线教师交流时，越来越多的人被烦琐的日常和重复的枯燥所累，选择"躺平"似乎已经成为一种普遍心态。其实，一个人越没有高远的追求，就越容易陷入疲惫不堪的庸常挣扎，也就会越发焦虑不安。相反地，当一个人选择了高处的光，就会在光的指引下昂首向前，脚下的很多磕磕绊绊就会被忽略，甚至会成为追光路上的悠闲与消遣。

最后，我想分享自己的一点感受：只有走在爬坡的路上，才会拥有无限的希望和力量。因为，无限风光在顶峰。

走向良师：追寻和精神

走向良师，很重要的一件事就是建筑自己的内心世界和精神高地，让那些略显自负的清高、不被人理解的梦想，还有不肯向世俗妥协的骄矜，为自己的人生带来平静、快乐、眼界、笃定。这些东西驻扎在心里，有可能会生长出独自成长的勇气、被现实倾轧时的支撑，推动教育实践的主动沉淀、教育思想的积极建构和教育理想的自我实现。

丰富的创生思维与创新实践

大概在我工作五六年后，学校里开始倡导小组合作学习，各式各样的理念和模式不断被借鉴、复制和移植。往往是，某个地方、某所学校有了与众不同的做法后，就会被参观和学习的人"拿去使用"。其中有大规模的整体性变革运动，比如拆掉讲台、安装无数个黑板、改变教室和座位的布局等；也有一些小的、局部的创新，比如备课本变成备课纸、作文本变成一张张活页纸等。

在这些变革中，让我印象深刻的是关于作业批改的新做法：形式上，在每次作业完成以后，学生需要做一个两行三列的表格，然后在第一行分别写上自评、组评、师评；操作上，分别由学生个人、学习小组组长和教师对作业进行评价，分别在自评、组评、师评对应的下方表格中填写评价等级（分A、B、C三个等级）。这种做法在当时不可谓不先进，它体现了以学生为中心，不管是学生的自我评价，还是同组伙伴的评价，彰显的都是对学生自我能动性的激发和促进。所以，这种作业批阅方式在当时得到了广泛使用，并在相当长的时间里成为模式。二十多年后，我到一所学校参加活动，听一位优秀教师的经验分享。在他的经验表述里，作业批改依然是前面的格式和方式，并一直强调"人家都已经不用了，我坚持了下来"。他的年龄与我相仿，所谓"坚持了下来"的起点应该就是我前面所说的那个时代，他的自我感动应该就是源于长达二十多年未曾改变当年习得的方法。

其实，一份坚持到底值不值得崇敬，时间的久远只是考量的一个方面，最关键的还是要看坚持的方式——墨守成规还是匠心独运。一份值得崇敬的坚持，绝不应该是固守一种不变的模式，而应该是一种追求，我们可以几十年如一日地坚持对作业批改的优化，但不可以坚持某一种固定的批改方式。也就是说，坚持的意义就在于对作业批改方式的不断改进。因为，任何一种模式或方法都有其存在的独特背景，时过境迁或历经久远，那些曾经有价值的方法可能已经无法适应时代的发展。事实也的确如此。我在使用"两行三列"的表格式评价办法一年多后，就感觉出其诸多瑕疵和不足。比如说，单纯"A、B、C"的评价显然过于粗放，小组评价往往会流于形式，教师会因有了自评和组评而在批阅时放松警惕，等等，这些问题都需要在实施过程中不断发现、不断纠正、不断创新。所以，我将"两行三列"的表格式评价做了相应的调整，以弥补已经发现或存在的问题。离开一线教学时，我在作业批改的方式上做了不少于五次修正，以保证我的评价能够适应我的学生和教学的需要。

任何教育实践,只有赋予丰富的创生思维才可以变得灵动而有力量。创造与生成是教育实践的核心,也是区分教育行动有无价值的关键要素。遗憾的是,当下的教师通常没有创生思维,做事情往往依靠复制他人经验或重复自我经验,而不愿意去探索截然不同的思路,更不愿意去寻找有别于他人的行为方式。我曾经在一些文章中描述过当下教育的现状——一人创造,万人享用。我们不缺少行动者和实践者,更不缺少模仿者和抄袭者,通常的状况是某一个地方出现了一种好的教育策略,大家便一哄而上拼命学习,直到把别人的创新模仿到百分之百重复。前些年的杜郎口模式,再远一点的洋思经验,教改的魔风几乎刮遍了神州大地,但最后"杜郎口"还是"杜郎口","洋思"还是"洋思",众多模仿者中并没有出现在此基础上的新创造和新经验。并且,这两个教改典型也因为缺少不断创新而昙花一现,并没有稳站教改的潮头。由此来说,无论是守阵地还是攻阵地,都应该具有一定的创生思维,唯有创生才能行稳致远。

我想,良师与普通教育者的第一区别标识应该就在于思维的创生性和实践的创新性。

可贵的实验精神与关键品格

什么是实验精神?实验精神是超越教育实践的创新性,高于创生思维的变革性,着力于解决新问题、开拓新领域、开发新功效的精神品质。其核心品质表现在拥有直面新生性问题、正视痼疾性主题、不畏瓶颈性难题的勇气,以及探索可能之解、寻求可能路径、确认可行策略的定力。实验精神对于教师专业发展的意义在于两个方面:一是引发教师职业身份的变化,帮助教师从实践者迈向探索者、研究者;二是促进教师教育价值观的重构,帮助教师从以分数提高为价值追求转向以学生素养发展为价值追求,进行研究性变革实践。而这一切的实现,需要教师形成一些必要的关键品格。

鲜活的教育知识。教育知识的典型特质有三个,分别是知识体系的完整性、知识结构的系统性和知识储存的鲜活性,其中知识储存的鲜活性尤为重要。当下的教师都接受过多年的高等教育,硕士和博士等在中小学也已经变得寻常,相对于基础教育所要传递的知识量来说,当下教师的知识储备不仅足够而且绰绰有余。但是,很多高学历的教师却无法胜任看似简单的中小学教育,其原因大概就在知识的鲜活性上。知识的鲜活可以从以下三个方面进行界定:一是知识的来源,要看这些知识是被动接受而来还是从实践中主动提炼而来,通常来说学究型的教师多是知识的储存器,虽然容量丰富却并不易作用于教育教学,这样的知识就不够鲜活;二是知识的更新,因为专业行动的需要,教育知识需要不断与时俱进,用几十年前的知识培养现在的学生,肯定会造成教育的低效甚至产生负面作用,源头活水式的知识溢出,才是教师知识获得的最佳方式;三是知识的力量,"知识就是力量"是一句耳熟能详的名言,但是从"知识"到"力量"需要一个发酵的过程——将获取的知识与自我经验重新建构,这样一个过程的存在、有效和创新决定了力量输出的强度。

生动的教育实践。对于教师来说,实践是最拿手、最容易、最常态的教育行动,很多老师的口头禅就是"别的不敢说,咱就是上课行!"有些学校领导评价优秀教师时,通常也会以"课上得不错""班级管得很好"之类的语言来描述。似乎,教育实践是教师最不需要强调的一项素养。但是,人人都会、都行、都充满自信的教育实践,并非真的会、真的行、真的自信。因为，我这里所强调的教育实践落脚在"生动"上——实践容易，生动的实践却很不容易。在很多时候，我们评价教育实践质量是以结果为标准的：一个老师的教学成绩第一，我们就觉得他的教学实践很优秀；一个老师的班级管理量化领先，我们就会觉得他的班级管理实践做得到位……诸如此类的判定俨然已为大家所默认，自然成习惯的误区也就不再被关注。其实，教育实践评价的关键不应该是结果，而应该是过程，也就是教育实践的生动性——能够点燃学生的生命，沸腾而热烈。具体来说，生动的实践应该是有趣的、温暖的、可以被欢喜着接受的，生动的实践应该是有力的、能驱动的、促使欣欣然成长的。

丰富的教育经验。经验是实践的脚印，按理说所有的教育行动都会留下清晰可见的经验。但现实是，有不少教师像是在石板上走路，即使日行万步也留不下一点印迹。这说明教育经验不是自动生成的，不会自然而然地出现在行走的过程中，通常需要下面的萃取过程：一是复述，教师的实践经验通常来自教育教学现场，但不会立马在现场产生，所以经验萃取的第一步便是对实践活动的叙说和表达——用严谨的语言或理性的文字还原现场；二是提炼，就是将实践复述中获取的诸多元素进行钝化、锐化、合理化，把非关键的、非必要的内容进行钝化，把关键的、必要的内容进行锐化，然后把锐化后的关键要素进行合理化建构；三是外化，就是形成经验文本或操作模式，好的经验文本要在形式上做到有架构、有策略、有路径，在内容上做到有大纲标准、有关键步骤、有具体做法，要避免天马行空、泛泛而谈。对于一线教师来说，是否具有从实践中萃取经验的能力，决定了可以走到哪里、走到多远；是否能形成经验萃取的习惯，决定了教育生活的品质和教育未来的敞亮程度。

高度的教育自觉与生命自由

要想实现教师的教育自觉与生命自由,首要的是帮助教师建构以"有序而理性的探索——积极而浪漫的思考——严谨而贯通的表达"为路径的行动范式,实现教师能力结构从碎片化、短视化、浅表化走向长程性、循证性、深刻性。这一行动范式主要包括以下内涵:

朴素的教育主张。什么是教育主张?教育主张就是教师在长期教育实践中产生的聚焦性的思考与结构性的见解。这里的"聚焦"和"结构"是关键词。"聚焦"是说要从整体的、广泛的教育实践中提炼出鲜明的观点或独特的认知,而非就事论事、即兴而发,教育主张不是闲谈碎论;"结构"则是强调观点或见解的系统性、逻辑性和整体性,教育主张不是观点的罗列或堆放。其实,每位教师都有自己的教育见解,它存在于教师的教育生活之中,支配着教师的教育教学实践。但是,这些教育见解或主张往往是缄默的、模糊的、不自觉的、不严谨的,甚至可以说是飘忽不定的、不为教师认知的。所以,教师需要学会提炼自己的教育主张,将那些隐匿在教育实践经验里的观点、见解等凝练成独特的主张,通过系列逻辑加工成为可以阅读、感悟、理解及被认同的思想,并作用于具体的教育实践、优化教育行动。那么,我为什么要强调"朴素的教育主张"?这是针对众多"教育主张"过于华丽、过于务虚而提出的观点。在很多教师看来,教育主张就是华丽的短语短句,就是让人耳目一新的标语口号,这其实是一个很大的误区。真正的教育主张应该是朴素的、接地气的,是可以让人瞬间感悟到其本质和内涵,并能够形成行动逻辑和行走力量的文字表达。

斐然的教育成果。教师对教育成果的理解,各有各的观点和看法,但越来越严重的狭隘化、具体化理解俨然已是主流。其实,教育成果绝不仅是指优良的教学成绩、优秀的教育质量,也不仅是发表的论文、出版的专著、结题的科研项目,更不是这些项目的结合或汇总。准确地说,以上诸多只能算是教育成果的外显或物化,属于人们愿意看到、能够看到的标志。真实意义上的教育成果,应该是教育主张的继续、深化与生成,是在教育主张的指导下开展的实践活动、梳理的实践经验与生成的实践成果。它既包括理论上的理念、策略、路径或模式,也包括实践上的影响、结论和实物,是以教育主张为根基生长出来的、完整的大树。对于一线教师来说,其实并不乏树叶、树枝之类的小收获、小成果,大多数人缺少的是枝繁叶茂的大树,也就是将零散经验成果化的意识。成果的梳理和提炼是教师的基本能力,成果的绚烂与斐然是优秀教师的典型标志,所以能够呈现斐然的教育成果,的确是区分教师平庸与优秀的重要依据。

　　自觉的教育情怀。马克斯·范梅南在《教学机智——教育智慧的意蕴》一书中指出:只有当教师实现教育性生存时,教师才会对职业产生神圣的使命感与责任感,也才会感受到职业的价值和意义所在,从而以满腔热忱投入到教育生活中去。这里的"教育性生存"应该以以下三点为底色:教师对教育本源的不懈追求,教师对教育生活的不竭激情,教师对教育理想的生动情怀。作为教师,如果没有一种自发的教育理想、自愿的教育追求和自主的教育行动,就很难成为好教师,更难以成为卓越的教师。而自发、自愿、自主综合起来说就是教师的专业自觉,就是主动作为、自我觉悟的专业发展意识。或许可以这么说,自觉的教育情怀是修炼前面两种优秀品质的基础和保障:只有情怀的质朴才能衍生教育主张的朴素,只有情怀的丰富才有可能获得成果的斐然。抑或这么说,前面各种优秀品质的共同涌现,是自觉的教育情怀生发、盎然与激荡的开始。

坚实的基础底蕴与基本能力

历史上，人们对教师的基本能力要求有三项，分别是传道、授业和解惑。

在今天，随着时代的进步与教育事业的发展，教师必备的能力已经不仅仅是育人，还应该包含自我建设的能力。真正的好老师，首先应该是一个优秀的自我建设者，建设好了自己，才会有足够的能力教书育人。所以，今天的教师至少要具备以下四种基本能力：会思，把感性认识理性化；会做，把隐性认识显性化；会理，把零散认识系统化；会讲，把个人认识公共化。

会思，把感性认识理性化。教师每天都在与人打交道，每天都会看到、听到、遇到很多事情，作为教育者需要对这些信息进行正确的分析，获得正确的认识，确保自己基于认知做出的教育行为恰当。在这一点上，很多教师缺少把感性认识理性化的意识，通常是看到一件事情发生后，立刻凭着自己的感觉得出结论，并付诸教育行动，从而造成了教育失误甚至失败。从教师成长的角度来说，教师要成为具有理性精神的人，关键是要培养三种思维：一是发展思维，善于在否定中寻求发展，始终对自我保持一份独有的清醒，不盲目自大，不固步自封；二是批判思维，善于从不同的角度对问题进行独到而审慎的思考，不迷信，不盲从，不跟风，更不会拘泥于教育的陈规陋习；三是实事求是思维，想问题、办事情总是从实际出发，而不是从自己的主观出发，不爱慕虚荣，不弄虚作假，不营私舞弊。理性精神并非与生俱来，需要教师有意识地主动培养，这既是为师者的基本底蕴，也是基本能力。

会做，把隐性认识显性化。隐性认识显性化的过程，就是一个知识变现的过程。作为实践者，教师都拥有一定的实践经验，这些经验大多以隐蔽的方式藏匿于具体的行动之中。比如，有的老师很会与学生沟通，能够很快疏通学生的情绪死结，却说不出来用了什么理论、具体的方法系统，即做得很好却说不出"为什么"。这种经验就是隐性的。作为教师，学过很多理论知识，听过很多经验介绍，懂得很多的道理，却不能改善自己的教育实践，算得上是"学习的巨人，行动的矮子"，原因何在？就是因为这些知识和道理隐形于个人的认知体系中，不清晰、不明确、不具体，没有完整的结构体系，不利于提取和使用。对于教师来说，要善于对这些隐匿的知识、经验、道理进行梳理，使之显性化，具体可操作，如此才有可能获得真正的成长。隐性认识显性化的基本路径可以描述为"提出问题—回答问题—凝练模型"，通过问题将隐性认识激活，并梳理出清晰的解决思路，最后以操作模型的方式进行呈现，就实现了知识的变现和能力的提升。

会理，把零散认识系统化。有些教师知识经验十分丰富，却未能取得理想的职业成就，这大概与知识经验不成体系有关。通常来说，教师的知识经验呈点状分布，没有聚焦的领域，没有可见的知识链条，多而乱，乱而无章。这样的点状经验只适合于解决具体的、贴近度极高的事件。比如遇到了一次家校冲突，老师可能会记起以前曾经处理过的相似危机,于是便把当时的经验拿来借鉴。即使这样,也未必能够达成理想的效果,因为再相近,也是不同的事件,家长不同,冲突的原因和程度也不同,前期的经验不可能与此次事件完全契合,自然也就降低了借鉴的价值。如果我们能够把这些点状的经验加以梳理、提炼,形成有效的操作系统,不仅可以扩大问题解决的范围,还可以促进问题的精准化、透彻化解决,并进一步形成新的知识经验。将零散认知系统化的方式是"理",这个"理"绝非局限于梳理、整理,而是要进一步上升到追求原理的高度,那就是开展系统的研究,形成系统的经验和策略。

会讲,把个人认识公共化。这里个人认识公共化有两个层面的意思:一是个人的认知、知识、经验等需要经过公众体系鉴定和审核后才能够得以广泛传播,这是公共化的前提和基础。比如,有些教师的个人经验自我感觉良好,教学成绩一直居高,但是从公共认知角度来看,其高质量、高分数源自教学实践的高压,于是被公共认知体系所排斥。这样一来,个人认知就不能进入公共认知体系。二是经过公共认知鉴定后的个体经验,需要通过经验持有者的推广才能进入更加宽广的公共体系,被更多的人所知、所用,带给社会更多的价值。我觉得这一点是多数教师所欠缺的,"会做不会讲"是当前教师成长的关键阻碍,不仅影响着教师个人品牌形象的树立,也影响着教师公共认知体系的进一步完善和成熟。做一个会讲的教师,不断将自己垫高,不断影响带动越来越多的教师,这是目标。

现在的教师,绝对不能蹲在课堂里成长,多方面、多层次、多视角开展自我建设,扎根课堂、立足教育、面向更宽广的世界,这是时代的要求。

第二章

教师专业实践的理解与改进

教师不缺少实践行动，缺少的是专业教育实践。对于有些教师来说，天天在做事情，却距离专业性越来越远，主要表现在：常规性教育实践多，缺少科学性和创新性；重复性教育实践多，缺少随时随地的改进和修正；劳作性教育实践多，缺少教学智慧和教育艺术；低效性教育实践多，缺少基于标准的考核与量化……帮助教师走向专业实践，是提升教师行动力、优化教育丰富性的关键和基本行动。

关于专业：现状、困惑与思考

我一直在思考：为什么病人对医生的治疗方案言听计从？为什么家长喜欢对教师的教育行为指手画脚？同为专业技术人员，在社会认可度方面，为什么医生的专业性要远远高于教师的？我觉得原因不在于社会和家长，而在于教育和教师自身——我们在不知不觉中欠缺了必要的专业性，从而让教育沦为人人可以说三道四的行业。

我们距离专业到底有多远

教师是一门专门职业，这一点毫无疑问。但是，教师自身对其专业属性的认知，往往局限在一些外在的、可视的因素上，比如专业技术职务等级、专业技术人员的身份界定等，很少有人去考虑具体实践中专业的"含金量"到底有多少。具有专业的身份，未必有专业的实践，这种现象在很多教师的身上表现得明显而具体。

我曾是一名初中数学教师，还是喜欢拿数学的课堂教学来说事。记得有一次参加数学教研活动，听了一节数学名师的课。那时自上而下极为推崇学生自主学习，所有学科的课堂教学几乎都高举"自主探究"旗帜,教师讲得越少越符合课堂教学理念。这位名师的课堂自然更加符合"自主"的形式,整节课说的话加起来也不足五分钟,真正超标准契合了某些教研部门提出的"每节课教师讲解不超过十分钟"的要求。其实,讲多讲少倒不是我质疑这位名师专业性的原因,最让我无法理解的是他的整个课堂流程:整整一张学案上面只印了一道例题(教材上的例题)、四道巩固练习题(教材上的习题),例题的处理方式是学生自主探索(直接尝试解题)、小组讨论、小组代表分享解题思路、教师进行点评,而习题的处理方式竟然与例题的方式完全一致。也就是说,在这位老师的课堂上,例题和习题被用同一种方式进行了"处理"。

其实,稍有常识的人都知道,例题与习题的设置出于不同目的,其教学方式和方法也会有所差异。例题一般具有绝对典型性,是对本节课知识或理论的具体化、实践化的模型,是帮助学生从理论到实践的"拐棍",通常由教师主导使用,具有启迪示范、激发思维、明确要求的作用。习题也具有典型性,是为了帮助学生进一步理解新知识而设计的题目,重在巩固理论、强化技能、形成能力。也就是说,例题较之习题更具上位和示范性,更需要注重教学的艺术和教师的主导性,绝对不能"一探了之";而习题更具实战性,是学生在学习例题之后的模拟、巩固和强化,更适合组织学生进行探究和实践,可以侧重学生的自主性。所以,例题更侧重于教学,习题更偏向训练,也就是我们所说的例题教学和习题训练。

从这节课可以看出,这位名师只是在一味地迎合上级部门或者主流的教学模式,根本就没有站在学科教学的科学性和艺术性上去设计教学。换句话说,从这节课中,我们看不到专业的影子,更感受不到专业的力量与影响。其实,站在专业的角度来说,这位老师至少需要弄清楚以下三点：一是要准确地把握例题教学和习题训练在目标定位、功能界定和成效标准等方面的不同，也就是知道什么样的题目可以作为例题并获得怎样的教学成效，什么样的题目可以作为习题并达到怎样的训练效果；二是要清楚地知道例题教学和习题训练是两种不同的课堂教学行为，在实施主体、实施策略、基本流程等方面有着本质的区别，也就是要把例题示范好、习题巩固好。

前面这位名师的做法还算不上十分典型的非专业行为，更为浅层次的非专业行为在教师群体中大量存在，并且有见多不怪、习以为常的倾向。比如，对于教师来说最具有研究气质的教研活动，通常会在教师的敷衍、应付中沦为过场，评课不痛不痒、评教大体相当，耗时费力却无法获得任何成效；比如，当学生犯了错误、未交作业、上学迟到时，通常会不问青红皂白一罚了之，以惩罚代替教育、以处分代替管理。更为可怕的是，这些现象似乎已经成为职业规范，大家意识不到其非专业性，认为这是"大家都在做的事情"。既然大家都在做，肯定就是对的——这也是一种非专业的认知思维。于是，抄写别人的备课就不再是羞答答的事，而是可以堂而皇之、理直气壮为之的常态；网络下载教学反思更不是什么丢人的事，而是现代信息技术带来的福利……诸如此类，让教师的教育实践距离专业越来越远。

教师走向专业的第一步应该是什么？我想有这么三点：专业意志应该从外铄走向内发，专业理想应该从职业追求走向专业追求，专业标准应该从职业规范走向专业规范。

为什么会有人拒绝专业

因工作关系，我曾与一位校长有过短暂的交集。这位校长留给我最深刻的印象是认真、勤奋、刻板。在学校管理上，他最擅长对教师工作质量进行量化，各种横向、纵向对比，各式表格、图表呈现，简直可以用一组枯燥的数据把人分析到骨头里。在这种近乎苛刻的量化分析之下，同事关系、师生关系均不可避免地被竞争和压力所操控，整个学校都笼罩着一种沉重感。发现这个问题以后，我决定找个机会和他聊聊。终于有一天，我们有了单独相处且心理环境相对和谐的时间，我便和他探讨这种过度精细量化管理存在的问题，但他十分坚定地认为自己的做法就是最好的，无可挑剔。我试着给他提供了很多更为科学、更为有效的学校管理策略，他固执地表示"他们的那些做法都不行"。

从那次谈话迄今，不觉已经有十余年的时间，这位校长也已经调整到另一所学校多年。听熟悉的人说，他在新的学校推行的依然是自己最拿手的管理方式。也听说，时不时地就会有人向他推荐一些值得学习的管理理念，但他不改初衷，始终认为自己的做法最实用、最有效，不需要任何改变和改进。拒绝学习，拒绝改变，这样的意识让他无论到哪所学校工作，执行和推进的都是多年前践行的那套模式。而事实证明，这样的坚持带来的后果就是——他每到一所学校，都会先将师生的激情和动力消耗殆尽，学校的发展也因此停滞不前。

我想，这位校长犯了一个常识性错误。在这个世界上，没有什么是最好的，也就是我们常说的——没有最好，只有更好。我们做事情，获得了一些经验，取得了一些成果，千万不能就此躺在成果上酣然大睡,更不能想当然地认为"天下老子第一"。所谓的居安思危,也可以理解为在行走的每一个阶段都要去思考更进一步的可能。因为,我们当下看到的、感觉可以驻足的,未必就是事情的末端和终结,我们拼命抵达的、自以为的高处,也许恰恰是下一个努力的起点。这个道理,可以从人们对空气的认识过程来说明。

在历史上,对空气感兴趣的人有三位。一位是法国科学家拉瓦锡,他在二百多年前通过实验,得出了空气由氧气和氮气组成的结论,其中氧气占空气总体积的 1/5,氮气占空气总体积的 4/5。一位是英国科学家卡文迪许,他通过实验发现,空气中除了氧气和氮气以外,还有少到可以忽略不计的杂质,这部分杂质约占空气总体积的 1‰。还有一位是英国科学家瑞利,他对被卡文迪许称作"杂质"的物质进行了分离,发现了氩气等有重要应用价值的惰性气体,他也因此获得诺贝尔奖。他们三个人的研究成果,在彼时彼地都是科学界的顶端成果,都被作为"真理"和重大发现对待。但是,后来的人总是在前人的成果基础之上,获得更为接近真理、更为接近事实的结论。这只能说明一个道理:事实可以无限接近,永远无法抵达。

与之类似,教师的专业实践是一份有未来而没有终点的努力。遗憾的是,很少有教师拥有这种意识,太多的人容易自我满足,更多的人容易自我认可。在日常生活中,我们经常会听到对某种成果的夸夸其谈,也经常会听到对某种经验空前绝后式的炫耀,却很少会看到成功后的安静思考,很少见到站到顶端时的继续仰望。刀枪入库,马放南山,从某种意义上来说也是教师在"站住脚"以后的常规思维。那么,从某种意义上来说,教师成长的停滞不前,教育发展的动力不足,也与这种拒绝改变的错误认知有着千丝万缕的关系。

我曾经看过一幅漫画,感觉很有意思:画面里有两个人在运一车物品,一人推一人拉。因为车子的辎辘是方的,所以他们需要付出巨大的努力才能让车子挪动一小步。这时,有个人拿着圆形的车轮告诉他们,可以把方形的车轮换成这种圆的,会省很多力气。但是那两个人摆手拒绝了这个人的建议,并强调他们一直是这样做的,根本就没必要去换轮子。很明显,这幅漫画描述的是这样一种群体:靠着固有的习惯性做法做事,拒绝接受更加专业的建议和实践。

漫画中的那两个人很可笑,但是现实中这样的人并不少,教师群体中也大有人在。

专业意识的不足与觉醒

教师专业意识不足或者说匮乏,从很多具体的实践中都可以获得印证。这种不足或匮乏虽然处于散漫的存在状态,但也可以梳理出一些共性的、典型性的特征。

其一,逐渐倾向于缄默与服从。当下中小学教师受到的束缚越来越多,不仅有规范性条例、管理性制度等带来的约束,还有社会要求、家长期待等带来的压力。这些约束和压力,时时会侵犯教师的教育边界甚至生活领域,让教师始终处于一种被监控、被压制和被质疑的恐惧状态。倘若因为不经意的言行惹来了麻烦,教师往往会"一朝被蛇咬十年怕井绳",从而选择自觉后退、主动退让,直至放弃理想、熄灭激情。即使自己没有亲身遭遇过,当看到身边的同事因"冒进"而受损、遭压时,很多人也会因感同身受而做出同样的选择——保持缄默,全盘服从。体现在教育实践上就是不自主、不自信,表达意见时人云亦云,发现了问题视而不见,开展工作时随大流。

其二,喜欢停滞于经验和习惯。大多数教师在入职后会经历一个快速成长期，迅速积累起足够完成教育教学任务的岗位经验，并在随后的时间里沉淀成个人的工作习惯。这是教师成长的一个必要阶段，是教师从新手走向合格教师的必由之路。按照常规来说，教师迈过这一个台阶后，就应该进入更为广阔的成长天地，探索属于自己的成长路径，提炼自己的实践经验，形成自己的教学成果。但事与愿违，有些教师的成长偏离了轨道，在教学岗位站住脚以后便放弃了追寻和探索，陷入了"以不变应万变"的重复性教育实践。在开展教育教学活动时，不是根据教情、学情组织实施，而是挪用复制曾经的版本模式；在遇到新问题、新情况时，不是开展调查和研究，而是按照习惯行事，套用老路子应对新状况。

其三，消沉于倦怠与困顿。一件事情，做一次是探索，做两次是熟练，三次以上便是无聊的重复。有的教师每个教学轮回讲的课都是同一个腔调，有的教师处理学生问题永远是同一种方法，这样的简单重复带来的直接后果便是职业倦怠，甚至会带来教师人生的枯燥乏味和苦闷困顿。陷入倦怠期的教师，做任何事情都提不起精神，也没有什么东西可以让他们眼前一亮、激情顿起，整个教育生活平平淡淡、毫无生机。所以，我们才会看到办公室里的空洞闲聊，才会体会到下课以后的无所事事，才能感受到那种波澜不惊隐藏下的颓废与困顿。

专业意识的匮乏与不足绝对不仅仅局限于此，我所列举的不过是其中最为常见、典型的一小部分。可以说，正是受这些因素的影响，教师群体的专业发展已经成为一种奢侈品，太多的人需要被唤醒、被激励，太多的成长需要被指导、被引领。那么，教师专业意识的觉醒应该从哪些方面去努力呢？我想，大概有这么三点：一是建构理想与自主，二是激发内生与外生，三是精准行动和发展。

首先，要建构起精神上的理想和行动上的自主。理想作为一种强有力的精神力量，是支撑教师走向专业的关键所在——一个没有理想的教师永远不会有追逐专业的动力。自主是一个人成长和成功的基石，没有对自我的掌握和把控，永远只能是飘浮在天空的尘埃，不可能真正实现自我的突破和发展。其次，要激发内生和外生，通过关键人物启迪、政策激励、专业培训等途径，实现由内而外或由外而内的觉醒。再次，要想法明确行动方向与发展规划，做一个有清晰研究方向、独立研究能力、丰富研究动力的研究者。

内容界定：理想、理念、知识

行动的改变不是单纯的物理行为，并不是迈开步子就可以踏上征程，它需要理想的召唤、理念的指引和知识的支撑。我们为什么走不到专业？为什么会在重复的旋涡中不能自拔？因为我们缺少了精神上的努力。

从人生梦想到职业理想

人是要有梦想的，那种发自内心的、热切渴望达成的、值得献上无限心力的梦想。教师也需要梦想，在迷茫时给自己描绘一幅充满激情的"精神画面"，用以安抚庸常里的琐碎、跋涉里的艰辛和守候里的寂寞。当然，最重要的是借着梦想，唤醒自己前行的意愿，以及源源不断的激情、勇气和力量。

其实，很多看似不可能的人生奇迹，大多源于梦想的力量。

哥伦布发现新大陆，就是受到梦想的牵引而创造出的奇迹。1453年，《马可·波罗游记》在欧洲大陆盛行一时。哥伦布在读完这本书后，产生了强烈的、不可抑制的人生冲动，发自内心地认为自己就是马可·波罗第二。他有了一个强烈的梦想，那就是亲自驾船西行，跨越大西洋（当时的人不知道有太平洋）到达中国和印度，并且为此不遗余力地做着准备。在当时，他的这一计划被人们看作妄想，根本就不可能实现。但在梦想的"诱惑"下，哥伦布"走火入魔"般地开始了一场史无前例的航行，并收获了一个出乎所有人意料的结果——发现了新大陆。从哥伦布的身上，我们不难感受到梦想无穷无尽的力量。

在我们的身边，也不乏平凡却又像哥伦布一样闪闪发光的励志人物。他们大都对自己的某个观点或某种追求有一种强烈的偏执，也就是我们所说的"不撞南墙不回头"的执拗。凭借这份偏执，他们往往能够做出反常规、反传统的决定，而且越是在极其艰难的时候，越能够凭借偏执的力量渡过难关。他们的身上大都有一种常人无法理解的倔强，这份倔强让他们的思维和行动有了某种不可思议的一贯性，虽然有时过于细碎、烦琐、毫不起眼，却在堆积成功的路上起到了不可磨灭的作用。偏执与倔强是人生略有瑕疵的品质，却可以让我们坚信的某些东西成为现实，实现所谓的"心想事成"。这就是梦想的力量，它以两种不同的方式帮助人生走向远方：一是近乎偏执的激情迸发，可以推动每一个关键隘口的拼命挣扎；二是接近缠绵的柔中带刚，可以化解漫长征途中的频繁绝望。教师的教育实践要想成为一种事业而不是简单的职业，就需要一种专业的理想。

什么是专业理想？教师的专业理想是指教师在长期的教育实践中形成的关于教育本质、目的、价值和生活等的理想和信念，是教师对自己专业发展状态的预设与期待，是对未来美好专业图景的构想与展望。对于教师来说，专业理想是教师职业素养的核心和灵魂，只有建立了科学的专业理想，教师行动才会有源源不断的精神动力。在我们的周围，经常可以看到很多能够尽职尽责完成教育教学工作的人，但他们所做的远称不上事业。他们的努力大多是为了晋升、受到表扬等外在目的，缺乏更为深远而有意义的价值追求。究其原因，就在于缺乏专业理想。

教师需要专业理想，这一点毋庸置疑。作为培养人、培育心灵的教师，不仅需要专业知识和能力，更需要诗人的浪漫与农人的品质。那么，教师如何才能建立专业理想呢？那就要专注于对教育本质的追问。生活就是一个人成长的教室，生命就是一个人成长的导师。在教育实践的漫漫长途中，我们遇见的每个人，遇到的每一件事，都有可能向我们揭露成长的道理，成为我们人生最为生动的功课。前提是，你要有勇气去直面生活中所有的情绪、苦难、悲伤和幸福。只要你专注于对本质的追问，煮饭、洗碗、做家务等也是一种学习，都可以带来教育能力的生长与教育智慧的生成。

其实，每一个人都有梦想，可惜有的还没来得及点亮。我觉得，一个积极投身于烦琐的教育生活，在教育的琐碎中发现教育的奥秘，在教育的细微中探索教育真相的理想主义者，要远比躲在深山独善其身的人，勇敢很多。如此，一个能够点亮自己梦想的人，也算是一个建设者。愿所有教师都能够去做这样一个微弱的建设者，以真实的生活千折百回地去尝试，去探索，去点亮，去还原一幅精神的宏大画面，在梦想的指引下重建专业理想。

从事件处理方式谈专业理念

十年前，我曾经写过一篇教育叙事《苹果种子》，讲了这样一件事情：两个在校园执勤的学生干部"押着"一个男生来到我的办公室,执勤学生说男生乱扔垃圾,将苹果核扔到大花盆里并用土掩埋,男生辩解说自己不是扔垃圾,而是在"种苹果"。他们三个人及后面跟着看热闹的一大群学生都瞅着我,等待我的"判决"。

通常,教师处理这样的事情,大概有这两种结果:

其一,判定孩子扔了垃圾。当时我执教的学校面积很小,没有多余的土地用于校园绿化,所以便在塑胶操场周围用几个特大花盆养了一些花树。因为花盆的直径特别大,所以有些学生会把果皮等垃圾随手扔到盆里,这也是学校一直重点治理的卫生死角。既然执勤的学生看到男生将苹果核埋到盆里,基本上就可以断定男生的行为属于"扔垃圾"。

其二,判定孩子没扔垃圾。原因很简单,如果这个男生扔垃圾(苹果核),就不会再用土埋上。换个说法,既然用土埋上了,苹果核就不会再被人看见。进一步说,这种易腐烂的东西在土壤中会自然"消失",不仅不会影响环境,而且还会成为植物生长的肥料。这样一分析,男生的行为似乎不属于"扔垃圾"的范畴。

而事实上,凭着以上分析,无论教师判定这个学生扔了垃圾还是没扔垃圾,都属于缺乏专业理念的表现。也就是说,以上的行为进行中,教师是抱着解决问题(甚至是麻烦事)的态度,实施了管理者才具有的裁判行为,对教育中的突发问题进行了最为直截了当的判定(仅限于是或否,对或错),从而失去了教师职业最为重要的专业性——没有站在教育立场上思考教育问题。就这个问题,我们可以做这么两个追问:什么是教师的专业理念?在专业理念的支持下,应该如何处理这件事情?

所谓专业理念,主要包括专业态度、教育理念和专业道德三个方面的内容。"专业态度"是教师对自己从事教育事业所持有的基本态度，大的方面包括事业还是职业的选择，小的方面涉及是否主动作为、积极作为等；"教育理念"是指教师对教育工作所持有的理想和信念，具体而言指教师持有的教育观、学生观和教师观；"专业道德"是教师在教育教学活动中处理人际关系所要遵循的基本准则和职业操守，是专业态度和教育理念支撑下的职业境界，其支配、影响教育行动。可以说，态度决定了理念，认知决定了道德境界，教师是否具有专业理念决定着其教育行为是否专业，是否符合职业准则和操守。

在专业理念支持下，这个事件的处理至少应该遵循以下三个原则：

首先，在态度上必须保持教育者的站位，也就是以教育者而不是管理者的心态来介入学生的问题。作为教育者来说，一般不会直接做出正确与错误、是与否之类的"武断"，而应该引导学生去思考、甄别、取舍。就这个事件来说，教师至少要问一问学生：你为什么要把苹果核埋到花盆里？事实上，我在这样问过以后，男生的回答是：苹果核里有种子，埋下种子就可以长出苹果树。这样的回答，引起了学生们关于"苹果树是怎么来的""种子能不能长出苹果树"之类的争论。

其次，在理念上必须保持相信学生的教育观，学生是平等的教育主体的学生观。比较常见的错误理念有以下几种：教师是真理、正义、知识的持有者，学生是亟须被管理、被改变、被拯救的服从者，由此生发出施与、灌输、裁定的教育观念。如果我们能够把学生看成完整的人、平等的教育参与者，就完全可以让学生按照自己的方式去讨论"苹果种子"的问题。在这个事件中，学生讨论后并没有达成共识，他们分成两派：一派认为苹果的种子长不出苹果树，一派认为苹果种子可以长出苹果树。

再次，从职业道德层面上来说，教师的参与必须要保证专业性，最基本的准则或底线就是不能伤害到学生的心灵，并在此基础上引导学生向好的、善的、有生长力的方向努力。在学生双方争执不下的情况下，我是这样处理的：告诉学生，我也不确定这些种子能不能长出苹果树（我的确不确定）；送给学生一个小花盆，让他们把种子种在小花盆里，看看能否长出树苗；明确责任，由他们负责这个小花盆和栽下去的种子。

专业理念是教师职业的灵魂，不仅决定了教师的教育实践，也左右着整个教育事业的生态。这一点，很重要，也很容易被忽略。

实践知识是最重要的专业知识

十几年前，本科毕业的新教师还比较少，在农村学校尤为少见。每当有本科毕业生入职，总会引起集体关注，特别是对其教学成绩的期待。但是，有时候这些高学历的教师会让人"失望"——他们的教学成绩往往超越不了一些低学历的教师。久而久之，在教师中就有了这样一个顺口溜：本科生不如专科生，专科生不如中专生。这句顺口溜的盛行，描述了低学历的"大多数"对高学历的"极少数"的非官方认定。

这份认定之所以能够广为流传，除了"大多数"对"极少数"的人数优势以外，还有两个人为因素在起作用。其一，对比内容的不精准。这种对比大多是"凭肉眼可见"的粗略估计，参考的往往就是一些显而易见的元素。比如，班级管理能力往往会以看得见的班级秩序、班级环境等为主，教学能力往往会以纯粹的教学成绩（学科分数）为主，等等。这种粗略的估计，漏掉了数据的科学性、结构的完整性以及效果的系统性，并不能从根本上反映教师的教育水平，自然也就带有了偏差和误解。其二，对比方式的不科学。在进行对比时，实施者往往会拿"极少数"中的低水平者与"大多数"中的高水平者进行比较，通常会将"极少数"中的高水平者自动忽略，即选择对自己有利的比较样本，以期获得自己想要的对比结论。这样的对比具有明显的缺陷及不稳定性，所展现出的两类人的教育水平自然有待商榷。

但是，这个顺口溜里并不全是错误认知，其中也包含着一些有价值的"科学"因素，比如对实践性知识的认知。从理论上来说，教师的专业知识包括心理学知识、教育学知识、学科知识和实践性知识等，其中以实践性知识对教师的专业发展影响最大。所谓实践性知识，不仅包括传统意义上的教学技术、教学经验、教学情境知识、教学决策判断知识等，还包括新课程改革所必需的跨学科的结构性知识。也就是说，实践性知识是教师在教育实践过程积累、沉淀、凝结而成的教育智慧，是可以直接作用于教育实践并迅速产生效益的关键知识。

那么，本科生为什么看起来不如专科生？专科生为什么又不如中专生呢？这是因为，教师教育能力的高低或教学效果的优劣，与教师的实践性知识密切度更高。对于中小学教师来说，教学业绩的优劣更多地体现在分数、升学率等显性的指标上，而这些指标更多地指向于实践性知识。也就是说，实践性知识比理论性知识更能凸显一线教师的教学业绩。

在以前的文章中，我曾讲过一位同事的教育历程：初中毕业，因为享受当年的"接班"政策，入职其父亲就职的学校成为校工，从事文印、考勤等一些事务性工作。学校教师缺编比较严重时，他暂时被安排负责语文教学工作,由此走上教师岗位。接下来的时间里,他虚心好学,善于借鉴别人的教学与管理经验,教学成绩比较理想,他也因此正式成为语文教师。随后十几年教学生涯里,他每年的教学业绩都很出色,逐渐成为有一定影响力的名师。他的成长经历告诉我们,实践性知识是推动教师专业发展的关键力量,也是教师从事教育教学工作的宝贵财富。

由此,我们可以这么理解,对教师的专业发展而言,最重要的就是善于积累、生成实践性知识。特别是在教师学历越来越高、理论性知识越来越丰富的今天,将发展的目光聚焦到实践性知识上,就显得尤为重要且必要。

行动策略：自主、互助与引领

行动，意味着走出舒适区，有可能会经历不可预知的风险。一个人丢弃安逸闯入教育新丛林是需要信心的，其重新出走需要很多强大的力量，比如个人的修炼、伙伴的介入、领航者的带动等。

专业实践需要修炼三颗"心"

自主是教师专业发展的关键，是教师专业实践能力提升的核心力量，这也与我一直倡导的"觉者为师"理念完全一致。我一直认为，教师的成长是基于自觉和自愿的自主行为，是由内而外的自我努力。无论是自主，还是自觉，关键都在于内心，也就是走向自主必须经营好的三颗"心"。

心理认同。先讲一个故事：瑞士人布克是一位钟表制作大师，1536年，因反对罗马教廷的刻板教规，锒铛入狱。囚禁期间被安排制作钟表。在监狱里，无论狱方采取什么高压手段，布克都不能制作出日误差低于0.1秒的钟表；而在入狱之前，在自家作坊里，布克能轻松制造出误差低于0.01秒的钟表。后来布克越狱逃跑，又过上了自由的生活，布克制造钟表的水准竟然奇迹般地恢复了。此时的布克才发现真正影响钟表准确度的不是环境，而是制作钟表时的心情。这个"心情"其实就是认同感，也就是布克对制造钟表这件事是否从内心里接纳和认可。很明显，在监狱里做钟表内心充斥着不满、愤懑和对抗，绝对不可能精细完成制作钟表的1200道工序；在自由的环境里做钟表，内心充满着追求、向往和接受，自然也就能够做出完美的钟表。这个故事告诉我们，创造力绝不可能在排斥与对抗中产生，成长也不会在压制和愤懑中实现。所以说，认同是自觉的前提，也是自主的基础。一个教师要想获得专业发展，要想走上自主成长的道路，首要的就是认同自己的职业。试想，一个天天厌倦教育、厌烦学生的教师，怎么可能主动地融入教育实践呢？

　　心境宁静。人最难安顿的是自己的内心，心静了才可以从容走向成长。诸葛亮在《诫子书》中写道："非淡泊无以明志，非宁静无以致远。"宁静致远是人生的一种境界，告诉人们只有心境平稳沉着、专心致志，才能厚积薄发、有所作为。有些一线教师常常守不住自己的内心，看见别人升了职、做了管理人员，就想着自己也要混个一官半职，就去模仿他人频繁交际和迎来送往；看见别人在教学业务上评了骨干、获得了荣誉，就想着自己也要一鸣惊人，要用最短的时间拿到某个级别的业务称号。如此种种，心不静了，时常被外在的东西所吸引、所动摇，实践上自然也就不再专一，今天忙活这个，明天试试那个，时间和精力都耗费在来回折腾上。这样的老师并不在少数，虽然天天忙忙碌碌，但自己并不知道在为什么忙，也不知道在忙什么，反倒因为忙的事情太多而一事无成。除了静下心来做好一件事情外，宁静致远还有一层意思，那就是要耐得住寂寞。任何努力在成功之前都是寂寞的，成功的道路上肯定不会有灯红酒绿，也不会有熙熙攘攘，守住内心、耐住寂寞也是教师走向成长的关键。

心态积极。如果说宁静表达了成长需要的心无旁骛，那么积极则强调行动上的铿锵有力。明确了目标，找准了方向，那就要在对的事情上竭尽全力。一个人要想在漫长的成长路上不懈怠，并始终保持昂扬的斗志，保持积极的心态就显得尤为重要。有一个故事是这样的：甲和乙走在一望无垠的沙漠中，手里都只剩下了半瓶水，两个人都渴望走出沙漠，可是两个人心态不一样。甲是消极的心态，他望着沙漠心里想，我手里就剩半瓶水了，怎么可能走出沙漠？完了，完了，我肯定坚持不到走出沙漠那一刻。最终，甲真的被黄沙所掩埋。乙同样剩半瓶水，可是他却抱着积极的心态。他在想，还不错，我还有半瓶水呢！我一定会坚持到找到绿洲。于是他抱着这种心态继续前行，走过了比平常更长的路，终于找到了绿洲，走出了沙漠。你看，面对同一件事情，心态不一样，视角也就大为不同，所付诸的行动和实践自然也就迥异。有些教师，有理想，有目标，却很容易在困难面前退却，这就是积极心态缺失的表现。

心动才会有行动，在走向专业实践的道路上，最为重要的就是要先让心动起来、活起来。在心理上有了认同，就有了热爱与行动的基础；在心境上实现了宁静，就有了从容不迫的专一和可能；在心态上选择了积极向上，就有了行动上的支撑和保障。由此，我们也可以这样说，教师的自主发展关键在于心灵的觉醒和自我的坚守。

专业实践需要同伴间的激励

一个人要想走得高远，不仅需要自身的努力，还需要同行者的帮扶与协助，或者说参与。通常来说，同行者的参与有两种形式，一是同伴唤醒，二是同伴激励。

　　同伴唤醒的可能。我们都知道孟母三迁的故事，孟母为了不让孟子受到邻居孩子的不良影响，而多次搬迁住处。这个故事大多用来强调环境对儿童成长的重要性，但我以为这个"环境"的关键因素是人，所以这个故事更精准的指向应该是伙伴对他人的影响力。其实，教师的成长也是一样，通常会受到周围人的暗示或唤醒，从而走向自主成长的道路。如果我们梳理一下名师的成长道路，或多或少都可以发现一些关键人物的存在，也会发现这些关键人物在有意或无意、自知或不自知的状态下，决定性地改变了名师的心态或发展方向，从而帮助名师开启了一段新的、未曾有过的求索历程。

　　我曾经在文章里写过我的一段执教经历：大学毕业后，因为种种原因我没有能够像其他人一样顺利站到中心校的讲台上，而是被安排到校办工厂洗刷废旧编织袋，继而又被安排到一所偏远的村办初中当老师。自感命运不公的我，几经挣扎无果后选择了自暴自弃，并将一切的沉沦归结到学校领导的不公正与社会的险恶。浑浑噩噩地过了两年的时间后，在镇里举办的全镇教师节表彰大会上，我看到了与我同年、同时分配到这所学校的吕老师作为优秀教师代表发言，听着他的侃侃而谈，看着他自信而突出的表现，我突然间有了一种冲动：我们是一起来的新教师，为什么他成了优秀教师的代表，我却成了不争气的废人？就在那一刻，我决定去做一个有上进心的老师，为自己的未来拼搏一把。可以说，我的觉醒就是源于吕老师的出现——虽然他的出现并不是为了我，却实实在在地影响了我。有一句话说，源头的石头改变水流的方向。其实，生命中遇到的每一块"石头"都有可能改变人生的方向，这些"石头"我们称之为关键人物。

　　同伴激励的力量。应该去做什么、怎么做，我们每个人都清楚，却很少有人能够做好。这是因为一件事情要做成功，目标重要，方法也重要，但最重要的是持续不断的坚持。很多人的失败不在于盲目，不在于笨拙，而在于坚持了一阵子就选择了放弃或者自然消失。所以，对于一个想要走向自主成长的教师来说，能够坚持多久是其能否成功的关键。那么，怎样才能坚持得更持久？除了自己咬紧牙关以外，我们还需要同伴的激励，也就是通过他人的影响或刺激，在内心产生一种让自己坚持的力量。在坚持的问题上，一个人做不到的，一群人可能就可以做到。比如我们经常见到的"暴走团"。如果独自一个人暴走，可能会坚持十天八天，但慢慢地就会变得散漫甚至中断。然而，如果一群人在暴走，就可以营造出一种氛围，强化一种不得不坚持的决心，从而保证团队中的每一个人都能够在相互的激励与裹挟中坚持下来。

　　这种力量就叫作"同伴激励的力量"。如果你正在做一件事情，这件事情对你来说非常重要，但是坚持下去也很艰难，最好的方式就是获取"同伴激励的力量"。简单地说，就是找一群和自己一样的人，加入进去，这样，你就能走得更远。"叙事者"作为一个民间的教师成长团队，没有行政奖励上的诱惑，没有物质上的收获和回报，却吸引着众多一线教师主动加入，原因就是"叙事者"能够带给大家一份抱团成长的力量，让原本没有那么坚强的老师可以坚持完成每周一篇教育叙事、每月共读一本书的成长任务。在私下交流时，很多"叙事者"成员告诉我：坚持很难，能够坚持下去靠的就是自我约束和同伴激励。也有人说，其实很想放弃，但是看到那么多人都在坚持，也就咬咬牙坚持了下来。

　　在专业实践的道路上，一个人行走会更加艰难，也更能考验一个人的意志力。所以，在自主发展的过程中，追寻值得追寻的人和团队,这一步不可或缺,要在他们的影响和助力下,慢慢朝着专业的方向,更有力地走下去。

专业实践需要最专业的引领

教师专业实践能力的提高,最有效、最直接的还是来自更高层次的引领。从具体的实践来看,引领者大概有两类人,分别是行家和专家。

行家引领。行家,就是对该教育教学实践非常内行或精通的人,通常包括学校里的学科带头人、骨干教师等。行家引领其实就是名优教师的指导、示范和影响,属于升级版的同伴互助。行家引领可以通过两种方式来实现:一种是教师之间自发的、自主的结合,比如年轻教师特别钦佩、崇拜某位名师,然后通过个人努力与名师建立联系,从而获得名师的指导和引领;一种是官方的教师培养模式,就是教育行政部门或学校以正式文件的方式建立指导关系,比如我们经常见到的"青蓝工程"、名师工作室等,均是借助名师来带动青年教师和普通教师成长的重要策略。由于行家与被引领教师之间的差距较小,行家的经验和指导相对接地气,行家引领通常对教师的成长具有十分明显的作用。

在这里,我想重点谈谈学校层面最常见的一种行家引领行动——校本研修。校本研修是学校基于本校教师专业发展的实际而开展的研修活动,比如以学科教研组为单位组织的教学研讨活动、以年级或科室为单位组织的教育管理研讨活动等,这些研讨活动本质上就是一种行家引领模式,是借助本校的行家(教研组组长、骨干教师等)对其他教师进行的示范性培训。从理论上来说,校本研修是教师专业发展最接地气的方式,可以帮助教师尽快实现教育实践的专业化。但事实上,当下的校本研修却并不尽如人意,主要的问题是走过场、形式化现象突出。所以,要想尽快帮助教师实现教育实践的专业化,就必须改变当下的校本研修形式、路径和制度,让校本研修落地、做实,具有可操作性和可控性。

专家引领。专家,是指特别精通某一学科或某项技能的有较高造诣的专业人士,通常包括教育教学的专门研究人员、教师中具有较高研究能力的"超级名师",其水平层次要高于行家。专家引领的内容除了具体的实践策略以外,还会融合理论、研究等上位领域,所以能够帮助一线教师从更高层面、更宽视野把握教育教学问题,获得更专业的指导和示范。可以说,专家引领是行家引领的上位策略,其更加关注教师的整体专业素养培育,更加关注实践经验的归纳和提升,更加关注教师的研究能力和成果意识。

现实中,专家引领存在的最大问题就是"量少"和"面窄"。量少,指的是专家数量少、专家可以指导服务的群体人数少、专家可以开展的引领活动少;面窄,指的是可以得到专家指导的多是骨干教师,普通的一线教师很难有机会接近专家,更难以获得面对面的指导。总起来说,专家引领属于轻奢类资源,很少能够实现大面积覆盖和广泛受益。所以,作为教师来说,可以多从网络渠道去谋求突破,借助网络来获得专家的指导和帮助,为个人的专业建设寻求到"外援"。

专业实践需要时间的"自留地"

实践最需要什么?当然是时间。

2016年至今,我出版了十本书。每次新书出版时都会有人问我:"你平均一年出版一本书还要多,时间从哪里来的呢?"

于所有人而言,时间是这个世界上最公平的存在,无论高贵贫贱,无论显赫卑微,我们每天拥有的时间都是二十四小时。一分钟不会多,一分钟也不会少。但在这相同的二十四小时里,每个人实现的人生红利却大不相同,原因是什么?这就是时间管理的问题,具体来说就是如何提高时间管理的"产出效益"。从我个人的经历来看,大概经历了三个不同的阶段。

挤时间,解决时间长度的问题。在刚刚工作时,我算得上是挤时间的标兵。因为我有这样一种关于成功的逻辑:一个年轻教师靠什么在学校里站住脚?教学成绩!快速获得成绩的最好方式是什么?付出更多的时间(也就是我们曾经盛赞过的勤奋)!时间从哪里来?挤!于是乎,压缩吃饭的时间,压缩娱乐的时间,压缩休息的时间……当一个人将必要的睡眠以外的时间都放在工作上后,教学成绩一定会反馈一个满意的回报——那时,我的教学成绩始终占据年级最高位次。

但是，这种挤时间做法的副作用也特别明显——无限制拉长工作时间，不计效率拼体力，其结果必然是"事倍功半"。更重要的是，要想让挤出来的时间快速产生效益，就要将时间直接作用在学生身上，自然也就会挤占学生的时间，题海战术、延时战术都是彼时的行动方式。于是，就产生了另外一个"恶果"——我成了一个令人讨厌的好老师。学生讨厌我，是因为我对他们的苛刻；领导和家长认为我是个好老师，是因为我可以带给他们需要的高成绩。

省时间，解决使用效率的问题。当我开始做学校管理以后，工作内容不再是单一的课堂教学，再也不可能将自己从吃饭睡觉中"挤出来"的时间全部用在学生身上。怎么办？我开始无师自通地进行时间管理，就是怎样让七零八碎的工作时间产出最大效益。首先，我将自己的二十四个小时分成几个时间区域，比如工作的时间区域、生活的时间区域、学习的时间区域和休闲的时间区域等，并将"工作的时间区域"以外的区域设置最低固定时间，以确保必要的睡眠和基本的生活，让自己成为一个正常生活着的人。其次，我开始追求"工作的时间区域"内的产出效率，通过时间统筹让自己在单位时间内尽可能多地做更多事情。比如工作清单法，就是将每天的常规工作按照工作需要进行排列组合，做成具体的工作清单，每完成一项就随手划掉，让自己时时刻刻知道自己还有多少工作要做。再比如应对突发性工作，可以按照工作内容及轻重缓急来决定怎样与常规工作融合，能合并的合并，能变通的变通，尽量不影响常规工作的进行。当然，优化教学艺术、修炼管理能力是提高效率更为具体的行动，它解决了优化后工作单元的效率问题。

造时间，解决时间浪费的问题。所谓造时间，也就是变废为宝。因为时间始终就那么多，没有人可以制造出多余的时间。我们唯一能够做的,也许就是把那些可能会被虚度的光阴,一点点地拽回到沸腾的生活里。当下最能消耗时光的,应该是电子产品带来的无限制娱乐。想想,我们有多少时间是浪费在刷视频上,有多少时间是用在浏览无用的网页上,又有多少时间是消耗在网络游戏中?除了网络,每天还会有那么多的事情妄图从我们的手中夺走时间,会有那么多的诱惑让我们虚度光阴,我们不会"造时间"能行吗?那么,怎么造?怎么才能从"敌人"手里夺回时间?我以前曾经提到过"番茄工作法",它可以帮助我们将容易流失的时间聚拢在工作任务上。我相信,类似的方法还有很多,我们每个人都能找到适合自己的方法。只要你愿意聚精会神于一项任务,就一定可以做得到,除非你不是真的愿意。

挤时间、省时间、造时间,既反映了一个人对时间理解的不断更新,也可以看成是解决时间效益的三个方面:时间需要适当去挤,更需要提高效率,同时还不能浪费。当然,这些解决的还只是外在问题,一个人若想让自己的每个二十四小时充满意义,最重要的就是要有一个始终如一的目标追求,也就是我经常说的时间的"自留地"——给自己一个足以抵抗一切的坚定、永恒且不可更改的诺言式任务。比如,我在一线工作时给自己定下的"一天一篇教育叙事",并在博客上公开发布,让所有人都来监督自己。公开承诺,最好面向最重要的人实施,因为你越在意的人,对你的约束力也就越大。比如,老师可以向学生承诺,校长可以向老师承诺,等等。

其实,守护好时间的"自留地",就是开辟了一块人生的自留地,守住它,也就守住了一切,包括时间。

优化路径：认知、判断与思辨

成就动机是一个人追求自认为重要的有价值的工作，并使之达到完美状态的动机，即一种以高标准要求自己力求取得成功的动机。成就动机强的教师对教育工作非常积极，善于控制自己的思想、行动和努力朝向有利于成功的方向，可以始终保持工作的激情。所以说，帮助教师唤醒或激发必要的成就动机，是造就"千里马"的重要前提。

精准提升专业认知力

所谓认知力，通俗一点来说就是让自己的判断更加接近事实并形成个人观点的能力。专业认知力，就是让自己的判断更加接近专业本身，并提出相应的观点或看法，以期更加深入地理解教育行动，开展教育实践。从这个意义上来说，认知是判断的后续行为，是深化，是深入，是判断之后的揭示与建构。

举个例子来说。自习课上，同学们都在做练习。一个学生坐在那里发呆，两眼直勾勾地盯着黑板，长时间一动不动。作为教师，你会怎么做？在揭示教师的做法之前，首先要看教师对这件事情的认知：

如果教师认为这是一个违纪事件，就有可能选择处理学生违纪的方法来应对，比如呵斥、纠正或者量化扣分；如果教师认为这是学生遇到了困惑需要老师去帮助，就有可能会进一步去探寻学生发呆的原因，并采取相应的教育行动。由此来看，有怎样的认知就会有怎样的教育实践与之相对应，这足以说明教师提高自己专业认知力的意义所在。

认知决定行动，行动产生后果。继续来谈"发呆"事件的行为后果：违纪认知下的管理行为，轻则不会产生任何教育结果，重则会产生系列"恶果"，诸如学生被呵斥之后与教师发生言语争执的事件屡见不鲜，师生冲突也大都源于此类教育方式；困惑认知下的教育实践，通常会走向理性、科学和人文，更容易发生专业的教育行动和行为。多年前，我们在做课堂观察研究时，曾经就这一教育情境做过实验，并将现场情境进行了如下记录——

在课堂上第一次发现"发呆"现象后，我们提示教师按照课堂管理常规去处理。

教师：快速走过去，大声训斥，"别人都在写作业，你发什么呆，赶紧拿出作业本写作业"。

学生：眼睛向上一翻，没做任何回应。

教师：用手敲了敲课桌，督促说，"快一点写作业"。

学生：懒洋洋地拽出作业本，重重地摔在课桌上，但并没有翻开作业本。

教师：加重语气，责问，"老师管不了你是吗？老师说的话对你不起作用对吗？"

学生：脸上写满了不耐烦，嘴里嘟哝了一句含糊不清的话，依然没写作业。

教师:"你说什么?大点声说出来,让大家都听听。"

学生:气愤地站了起来,大声回应说,"我什么都没说,你听见我说什么了吗?"

见冲突即将发生,我们赶紧叫停了实验,并采用专业方式对事件进行了弥补性处理。

相隔一个多月后,在另一个教师的课堂上,发生了类似的事件,我们记录了教师的专业处理过程。

教师:走过去,凑近学生轻声问,"你怎么了?"(既不会打扰其他学生,也保护了当事学生的安全心理环境)

学生:"没什么,心里有点乱。"(学生接受对话,就意味着可以接受教育)

老师:"能告诉我因为什么事吗?说说看。"(试图通过交流获得对问题的正确认知)

学生:沉默了一会儿,轻声拒绝说,"不能"。(拒绝就是回答,说明学生的问题来自情绪,应该是有某种不良事件影响到了他的情绪)

老师:"那你就趴在桌子上休息一会儿吧,我和你一样,也会有情绪不好、没心情做事的时候。休息好了,自己试着调整调整。"(无限接纳学生,巧妙使用共情,并给出当下最合理的建议)

学生:愣了一下,顺从地趴到了桌子上。不一会儿,他终于打起精神来开始做题了。(接纳和共情是一种温柔的力量,可以在不知不觉中化解内心的郁结)

……

当事件在课堂上获得解决以后,并不意味着问题的彻底解决,但为后续的教育行动赢得了心理和时间上的准备。

教师是一个十分庞大的群体,每个人都有着相当的学历背景和知识储备,但问题解决的能力却有着鸿沟般的差异,专业发展的水平和成果也大相径庭。究其原因,除掉机遇等不可抗拒的外在原因,教师的认知能力应该是一个很重要的因素。因为高认知能力决定了你可以去做正确的事情,这比正确地去做事情重要一万倍。所以,提高教师的认知能力,是优化教师的教育实践、提升教育智慧的方法和手段,也是帮助教师走向专业发展的关键步骤和重要途径,必须引起每一个教师和教育管理者的注意。

那么,怎样才能提升认知力呢?方法和路径有很多,也很综合,但这不是我要说的重点。其实,提升认知力的关键在于如何认知"提升认知力"这件事情,主要的认知应该从以下两个方面进行:一是要明确方法论的局限性,我们做事情喜欢从寻求方法开始,往往会出现"十分正确地去做错误的事情"现象,因而需要树立"认知先于方法"的基本认知,避免方法正确、方向错误的南辕北辙之痛;二是要明确学习借鉴的重要性,在事情的本质与表面现象之间存在着一个巨大的鸿沟,提高认知力无非就是尽可能缩短鸿沟的距离,这就需要经验和智慧,就需要阅读和培训——阅读可以让人在如沐春风的愉悦中获得前人经验,培训学习则可以让人在交流碰撞中获得醍醐灌顶的快感。

系统建构专业判断力

判断力是认知力的继续和发展。

有一幅《方向不对，越努力越窘迫》的漫画，表达的大概内容是：一个油漆工为室内的地板刷漆，由于他是从外向里刷漆，当他快要刷完的时候，发现自己已处于墙角出不来了。你看，因为方向不对，他越努力越会把自己逼到困境之中。其实，这个"方向不对"就是认知错误。我们要去做一件事情，首先要对这件事情有一个清晰、明确而又正确的认知，要知道从哪里入手、沿着哪个方向行动，然后才可以确定如何用力、怎样努力，并最终付诸行动。

事实上，这么简单的道理我们明明知道却无法做到知行合一。我在学校工作时曾经处理过一件家长与班主任的矛盾纠纷，事情的起因是班里的值周班长打了学生 A，学生 A 的家长找到值周班长的家长理论时获知，值周班长打学生 A 是在履行班干部职责，是班主任授权进行的"管理行为"。于是，学生 A 的家长便去责问班主任，两人因此而发生口角，最终闹到了我的办公室。我问班主任为什么授权值周班长打学生，班主任辩解说："我们班级实行的是学生自主管理，由学生来管理学生，学生管理学生时采用什么方式是学生行为……"你看，自主管理被误解到如此的境地，班主任对自主管理的认知如此偏颇，又怎么可能会有真正的自主管理发生呢？

这些年，我们一直在强调教师专业发展，也越来越关注教育实践的专业性。但是，在很多学校和地方的教育经验分享活动中，我们总是可以听到很多老师所讲述的"经验"明显违背教育规律，明显存在常识性错误，但讲述者却被自己感动得一塌糊涂，被自己的辉煌成绩鼓舞得斗志昂扬。这真的是一件很可怕的事情——没有对专业实践的理解和判断，单凭一己之念去开展教育创新行动，其结果可能就是越努力伤害越大，越努力后果越严重。这就告诉我们，教师要想走上专业发展的道路，首先要淬炼的应该是对专业的判断力，要明确自己即将实施的行动是否专业，是否有明确的理论依据，是否是正确的、规范的和科学的。

那么，如何才能提高自己对专业的判断力呢？判断力是一个很综合的能力积淀过程，很难仅靠技巧与方法来解决。但是，如果我们能够坚持有意识地训练自己的行为、思维方式，一定会提升自己的判断力。这种持续的自我训练，可以概括为两个基本路径：一是熟能生巧、百炼成钢，这八个字可以算作提高判断力最基本、最有效的法宝；二是反复揣摩、系统反思。

我们先来看"熟能生巧"。通常来说，我们对一件事情越熟悉、了解得越透彻，对其所做出的判断也就越精准、越不容易产生偏差。就像前面提到的自主管理问题，很多人会望文生义，简单地以为自主管理就是学生自己管理自己，就是借学生之手惩治学生。归根结底，还是对自主管理了解不够、理解不透。所以，我们在开展自主管理前，要先在自主管理领域"混成熟人"，要通过阅读、学习和借鉴，对自主管理的基本概念、优秀实践、先进经验等做到知根知底，要通过海量信息提炼、分析、比对，形成正确的认知和科学的对策。另外，我特别推荐案例研究这种方法，多用一些时间去研究他人的真实案例，进行必要的总结归纳，从中提炼出基本经验，这是锤炼判断力的有效方法。

再来看揣摩和反思。要想真正锤炼自己的专业判断力，需要去培养优秀的思维品质，那就是形成对一件事情反反复复琢磨、细细致致品味的习惯，要有对实践行动或经验的必要敏感度。以学生作业完成效度为例，倘若一个班里有近四分之一的学生没有完成某次作业任务，老师通常的做法是震怒、狠狠惩罚，可能会习惯性地把原因归于学生的惰性和态度的不端正，而很少会走到问题的背后去寻找原因，发现问题的关键症结和核心所在。其实，这个时候，教师最应该做的是认真揣摩学生完不成作业的障碍在哪里——毕竟不是一两个人没完成，当一种不良教育现象大面积出现时，通常就是教师的方式方法出了问题。在发现问题的症结后，教师必须善于系统反思并建构出新的行动方案，从根上去解决问题。

静心修炼专业思辨力

我以教师的情绪管理为例，谈谈对专业思辨力的理解。

曾经有老师问我，怎么看待情绪管理这个问题。他说听一些专家说，可以通过数数的方法来控制自己的情绪，可是，在试过多次以后他发现，这个办法并不好用，很多情况下自己还没来得及数数情绪就"决堤"了。其实，专家们的"数数"建议听起来很有道理，实则颠倒了事情发展的逻辑关系：在数上五个或十个数之后，情绪肯定不会再爆发，这一点毫无疑问。问题的症结在于，这种说法是把结果当成了条件——数数是控制情绪后的行为，而不是控制情绪的方法。也就是说，一旦可以数数了，恰恰说明你已经控制好了情绪。就是这样一种存在明显逻辑问题的"专家建议"，还会被一些教师奉为法宝、当作人生智慧接受，并不断传递给周围人。这说明，我们很多人缺少专业思辨的能力。

什么是思辨力？思辨力就是思考辨析能力。所谓思考，指的是分析、推理、判断等思维活动；所谓辨析，指的是对事物的情况、类别、事理等的辨别分析。简单地说，就是能够剥开令人眼花缭乱的层层表象，抓住关键点和核心问题，直抵事物的本质和本源。下面，我就以"控制好自己的情绪"这个问题为例，通过系列思辨来揭示情绪管理的本质，探求情绪管理的方法和策略。

我们一起来回答以下两个问题：假如，你的班里有个学生经常迟到、时时旷课、完不成作业，考试的时候总是不及格，还经常扰乱课堂秩序，你会讨厌这个学生吗？假如，这个学生不是你班的，而是隔壁班的，你还会讨厌他吗？就这两个问题，我曾经在讲座时问过很多老师，他们的回答很一致——第一个问题的回答是肯定的，第二个问题的回答是否定的。那么第三个问题就来了——同样一个问题学生，在自己班里就讨厌，不在自己班里就不讨厌，这是为什么呢？这说明，我们讨厌的不是问题学生本身，而是他为班级带来的麻烦。再进一步分析，我们的"讨厌"本质上是"害怕"，我们总是害怕这个问题学生会给自己的班级管理带来麻烦。

我们再来思考两个问题：从讨厌到害怕，揭示了教师怎样的一种职业认知？害怕的心理从本质上说明了什么？从讨厌到害怕说明教师在开展教育活动时，关注的重点是教师自身的利益，比如拿到荣誉证书、得到领导认可、受到家长赞誉等，而不是站在学生生命发展的视角去思考教育。所以，从本质上来说，害怕就是担心利益受损或止损行动失败。如此，当一个问题学生出现在班里时，教师本身就害怕其会让自己的利益受损，如果这个学生恰好又做出了有损教师利益的行为，那么教师的情绪必然会瞬间爆发——这其实就是绝大多数教师在与学生交往时情绪爆发的主要原因。在辨析清楚以上问题后，我们就可以找到情绪管理的关键点：改变对教育的认知，改变对教师职业的认知,改变对教育成功的认知。

可以这么说,倘若我们始终把教学成绩排名、班级量化积分、获得荣誉奖励作为教育人生的目标,那么我们就不可避免地惧怕那些会影响我们的成绩、拉低我们教学分数的问题学生,面对破坏行为自然也就会控制不住自己的情绪;倘若我们把自己的教育追求定义为促进学生生命成长、为学生一生的幸福奠基、塑造尽可能完美的生命,当学生出现问题行为时我们就会关注问题背后的问题,就会想方设法去为生命成长提供可能,自然也就不存在情绪的爆发与失控。由此,情绪管理的关键在于形成正确的教育观,而不是去数数。

对于教师来说,要想走上专业发展的道路,就必须静心修炼自己的思辨力,在教育问题上做到火眼金睛——一眼看到教育的骨头里。

第三章

教师专业阅读的路径与推动

　　阅读之于精神,恰如运动之于身体。无论哪个群体,无论何种职业,对于阅读的渴求大都如此。于教师而言,阅读除了具有精神上的意义,更具有成长上的价值。

怠慢与破坏：教师精神世界的现状

当下的教师专业发展话语体系中，人们更多关注教师教育技能的提升和知识素养的培育，缺乏对教师精神世界的理解与关怀，从而导致教师专业发展出现了目标上的工具化以及路径上的狭窄化等问题，教师群体的专业形象越来越趋向边缘和不被信任。对于教师个体来说，在具体生活环境的影响下，更容易被现实生活世界里的利益得失所裹挟，而很少会去关注精神生活的经营与建设。

教师精神世界的窘迫与困顿

下面我要谈到的李老师的经历，是很多教师职业生活的缩影。

刚刚工作时，李老师接手了一个成绩极差的班级，但是凭着一股拼命三郎的干劲，他硬是在一年内把班级成绩由倒数变成了第一。几乎是一举成名，不仅学校领导在大会小会上对他进行表扬，周围的同事对他也是称赞不已。于是他更加勤奋，几乎每天都泡在教室里给学生上课、补课。他的成绩也越来越好，不仅教学成绩稳居榜首，班级管理积分也始终保持着年级第一。几年的工夫，他的名气越来越大，不少学生家长托关系走后门把孩子送到他的班级，希望能够被他点石成金。那几年，全镇的人几乎都知道镇中学里有位认真负责的李老师，管理严，成绩好。

一开始，李老师很享受这份职业荣耀，特别是面对他人或欣赏或崇拜的目光时，他都会有一种强烈的成就感。慢慢地，他的内心开始有了不安和焦虑，总是担心自己会在某个评比中拿不到第一，更担心别人会因此而不再看重自己。于是，他在学校组织的每项活动中都高度紧张，在每次考试前更是夜不能寐。他感觉自己好像被绑上了永不停止的战车，不断地拼命与他人较量、竞争，要战胜别人拿到第一。好在命运没有辜负他的付出，虽然偶尔会有拿不到第一的时候，但他都会很快在后面的评比中夺回来。在农村学校的那几年，他用勤奋很艰难地守住了自己的形象。

后来，他通过考试进入市里的一所重点中学工作。在名师云集的新学校，他的严格管理和赴难般的勤奋似乎没有起到多大的作用，在第一次统考中他的成绩排名中游，这让他的自尊心受到了极大的打击。接下来的一段时间，他把心思全部用在了工作上，没有业余生活，没有个人爱好，甚至连会女朋友都带着月考试卷。可即使这样努力，他也没能回到"第一"时代，教学成绩始终在中游浮动。更让他感到痛苦的是，家长和学生并不理解他的勤奋和努力，时不时地就会有人向学校投诉他的教学和班级管理。最终，他患上了轻度抑郁，不得不放弃班主任工作，并从"主科"改教"副科"，成为学校里可有可无的一个人。

李老师给我聊他的痛苦时，我就在想，这么一个敬业向上的好老师，为什么会走到这一步？他的问题到底出在哪里？带着对这个问题的思考，我认真观察了身边的众多教师，发现这绝不仅仅是李老师一个人的问题，而是具有一定程度普遍性的常态。其实，人应该同时存在于两个世界，一个是现实生活世界，一个是精神生活世界。现实生活世界具体而繁杂，通常会有数不尽的对比、牵拽、争夺和不能自已；精神生活世界则指向超越现实世俗的一种自我建构，追求的是一份"不以物喜，不以己悲"的深远与豁达。也许李老师的问题就在于，他打破了现实世界与精神世界的统一性，缺失了精神世界的建设与跟进。造成教师精神生活缺失或者缺位的原因应该有很多，其中最重要的有两个：一是被怠慢，一是被破坏。

被怠慢了的教师精神生活

从成长的视角来看，适当焦虑有益于个人成长，甚至可以成为一个人成长的原始动力。但像李老师一样将教育视为生活全部的人，却往往容易把自己置于困顿之中。一个陷入困顿的人，表现在工作和人际关系中通常就是折腾——折腾自己、折腾学生、折腾家长。首先是近乎苛刻的自我要求把自己弄得疲惫不堪，然后就是不由自主地抬高对学生和家长的要求。比如说，某一次学校统考班级成绩不理想，具有焦虑倾向的老师就会觉得周围的人都在议论自己，自己的教学生涯会因此被他人判为失败。为了证明自己，老师一般会选择对学生进行报复性施压：加大作业量，延长上课时间，更加严厉地强调纪律，等等。同时，也会对成绩不理想的学生家长提出更高甚至是苛刻的要求。

这种不正常的教育生态，必然导致师生关系的恶劣和家校关系的不和谐，也就会出现教师体罚学生、学生侮辱教师、家长殴打教师等不良教育现象。细细追究起来，几乎所有的师生冲突都与教师的情绪有关，是教师困顿焦虑情绪的不当诱发和宣泄。而本质上，是因为教师缺少了基本的精神生活。因为，当一个人缺失了精神生活，他在现实中遭遇到挫折和阻碍时，就没有了可以释放压力、消融情绪与抵抗失败的精神防御力量，就找不到可以安放疲惫与不安的精神避难场所。

我拥有十八年的一线教师工作经历，最懂得普通教师生活的平淡、琐碎与忙碌。真实的教师工作，远没有想象中清闲与轻松，更不像影视剧中那般浪漫与美好。大多数时候，教师会被埋没在备课、上课、批改作业以及没完没了的学生问题中。简单重复、循环无味的日复一日，很容易磨损教师的激情与骄傲，慢慢地教师也就习惯了接受与放弃——接受当下的平常，放弃可能的努力。更为严重的是，这种心甘情愿在教师群体中并不少见，生活于其中的人无论瞅向哪个方向，目光所及都可以发现与自己一样的庸常，自然也就愿意把自己的挣扎丢弃得一塌糊涂。活在眼前，紧盯脚下，小富即安，为一分一毫的利益计较，为纯粹的分数和名次较劲，这也是有些教师真实生活的写照。

教师如果缺失了精神生活的滋养与扶持，就容易受制于外在的诱惑、冲击与绑架，从而让自己陷入"不得不随波逐流"而又"总是受到现实伤害"的两难困境。其实，在教师群体中并不乏像李老师一样陷入现实生活的泥沼而又找不到精神的寄托，奔波在杂乱事务中而又看不到诗和远方的人。他们或许曾经在世俗的评价中暂处高位，拥有一些光环和掌声，但只有他们知道自己的功成名就有多么脆弱，多么经不起推敲；他们或许本就没有打算去做应该的努力和尝试，任由自己在现实生活的争斗拼抢中逐渐迷失，并一步步走向了无法控制的没落。从这个意义上来说，有一些教师是在有意或无意中被迫怠慢了自己的精神生活，而有一些教师则是主动妥协、自愿投降。无论哪一种情况，那些被怠慢了的精神生活都会在不知不觉中报复他们的现实世界。

被破坏了的教师精神世界

一个人初为教师的时候，大都会有一些精神上的追求，也会有美好而浪漫的情怀。走着走着，这份还不够丰富的精神世界就会被改变，被破坏。我所说的不够丰富，既包括信念上的不坚定，也包括系统上的不完整。比如，几乎所有的教师都知道学生成长需要的不仅仅是分数，也会做出一些为未来和素养而教的努力，但当升学的压力和排名的打击出现在面前，很多人就会选择为分数而教。这份放弃，既说明了教师精神信念的不够坚定，教师还没有能力用自己的精神世界抵抗现实中的不安，也反映出教师精神结构的不够完整，在自己的精神版图中找不到一条可以安顿现实困惑的路径。

还是以李老师为例。在与他交谈的时候，他曾不止一次地说，他也有过理想与信仰，充满激情和诗意；他也懂得教育需要爱和宽容，也明白生命与关怀才是教育的本质……只不过，现实世界的诱惑与自我意志的软弱，让他成为一个只知道比拼和计较的人，让他习惯了把幸福与自信建立在超越他人的快感之中。我相信，大多数教师的精神世界就是在类似的情境中慢慢被破坏，直至现实世界逐渐占据了教师的整个生命领域。也正因此，当他在现实中遭遇挫折或碰壁时，没有一种力量可以支撑起他的精神和灵魂，也没有一个空间可以让他躲避、休整和重新再来。现实的逼仄、走投无路的无奈将他撵向了无助、绝望。于是就有了颓废，有了沉沦，甚至有了悲剧。

失之东隅，收之桑榆。当我们在某一方面情况不好时，不应该就此灰心气馁、一蹶不振，而应该相信自己可以在另一方面获得成功，如此就不会落入苦闷、悲忧、懊恼、沮丧的境地。由此继续说下去，如果我们失了"东隅"，还有"桑榆"在等着我们，这对我们的精神肯定是一种提振。记得袁静老师在自己的文章中讲过这样一件事情：她在接受一项很枯燥的培训任务，因为内容"严肃而无趣"，她觉得很是压抑，但这时候，她收到了自己的一份稿子即将公开发表的消息，一瞬间她的心情发生了巨大的变化，以至于似乎"嗅到了氤氲于空气中的生机与蓬勃"。你看，帮助她从沉闷的心情中脱离出来的，就是她在另一份努力中赢得了欢喜与快乐。如此，一个人能不能在身处困境时觅得一方心灵的栖息之地，就显得尤为重要了。

每个人活在尘世里，都需要一个精神上的世外桃源。这个世外桃源可以帮助自己宣泄情绪，可以让疲惫的自己在另一处寻得希望和证明。当一个人把一件事情当成生命的全部，并极力想要获得这一领域的唯一成就感时，这件事情就会成为遏制其生命和精神自由的工具。而一旦这份追求无法落地，目标无法达成，人的精神世界就会崩溃和坍塌，从而陷入无休止的失望、倦怠甚至是麻木。所以，一个人不能把自己的精神寄托于唯一的某件事情，而是要在必要的生活之外开辟新的领地。比如，在教书育人之外，有着不一样的爱好与追求，让自己的情绪有个缓冲地带——即使生活把你推向了绝望，你也可以在另一隅安放自己的焦虑和不安；即使我在这一领域是彻头彻尾的失败者，在其他领域还会有支撑我前行的力量和光芒。如此，你才有可能放弃与自己的交战，也才有可能不与已有的教育生活不共戴天。

教师不仅仅是一份赖以生存的职业，更是一种精神上的存在。对于教师而言，精神生活丰富与否，往往决定职业质量与生命品质的高低。建设教师的精神世界，已经成为改变教师、完善教育的必要和必须。

改变与养成：教师精神世界的重建

教师精神世界的完整建构，大概有三种可能性：遇到能给予他巨大影响的人、事或环境，也就是所说的关键人物、关键事件和关键平台；在陪伴学生成长的过程中唤醒自我，也就是在教育实践中逐渐寻找并确认职业的幸福与意义；持续进行基于外来体验与感悟的自我觉察，阅读是其中最适宜的体验供给方式。

阅读何以改善教师的精神世界

一提到阅读，很多教师的第一反应便是——我那么忙，哪来的时间呢？这个反问听起来似乎有道理，因为教师很忙是公认的事实，除了备课上课、批改作业、家校沟通、学生管理等常规性的教育教学活动，教师还要承担迎接检查督导、配合额外工作等各种临时性附加任务。这些因素综合起来，就让教师这个本来应该优雅淡定、气定神闲的职业，变得忙乱不堪、浮躁不安。因为有了这样的忙碌，很多教师便把阅读之类看似无用的活动自觉排除在外，认为阅读是忙中添乱，属于典型的不务正业。而事实上，阅读不仅不会为疲倦者添乱，反而可以从多个维度去拯救因忙碌而无聊、烦躁、郁结的精神生活。除了阅读最直接的获得性、种植性意义，单从精神层面上还可以有以下三个方面的界定：

其一，阅读可以解释情绪。人在某些时候，总会有一些说不出来的情绪。似乎感觉得到，却又无法说清楚。这个时候，倘若有一本书，恰好表达了你的内心，那么所有的心情就都有了各自的定义。定义，是告诉我们你现在的境遇是什么，为什么会痛，为什么会这般苦闷，为什么会高兴……这样的定义，会让人活得明白。现实中，我们之所以会对一本书着迷，会为书里的人物流泪、叹息、高兴，就是因为那个人、那件事，恰好应合了你的心境，让你如同找到了知己。阅读这样的文章，你就会在不知不觉中被感化，然后不由自主地朝着书里的样子去生活。

其二，阅读可以合并孤独。越是忙碌越是孤独，无论身处闹市还是静待僻远。而文字可以使孤立的个人，打开深锁自己的门，走出去，找到同类。阅读时，你会发现，你的孤独不是你独有的，至少有一个人与你感同身受，而且会有更多的人阅读这份感觉。阅读最大的好处便是，让无数个单独存在的感受，合并成为集体的、共有的感受，让孤立的个人产生归属感。所以，有时候，一篇文章，一本书，可以让很多原本孤独的心灵连缀成立体的空间，从而改变一个群体的精神走向，开辟一个新的精神领域。

其三，阅读可以疗愈不安。拜詹·亨利·亨特有一句名言：有这么两个世界，一个是用线和尺丈量的世界，一个是用心和想象去感受的世界。大多数时候，我们生活在一个被丈量得过于清楚的世界里，被各种评比、竞赛、对比挤压得惶恐不安。这些不安像嗡嗡作响的牛虹，让我们的精神世界充满了烦躁、苦闷与焦虑，从而让每一个人都活得疲惫不堪。读一本书，让自己完全沉浸于其中，或喜悦，或悲伤，或愤怒，或手舞足蹈，或掩面而泣。读完一本书，一切都尘埃落定，精神上就完成了一次洗礼，心头的杂念乱绪也就烟消云散。其实，阅读的过程，就是一个演出的过程。我们假借文字的戏衣，完成一次以他人世界为背景的演出。阅读，让我们成为"演员"，在书本中感受众多的、不一样的生命世界，从而不断觉察自己、建构自我，以抵御和疗愈人生的不安。

归结起来说，阅读可以重构一个人的精神世界，并强有力地改变一个人的现实生活。

阅读如何成为一种生活方式

我曾经对身边一些具有良好阅读习惯的朋友做过简单的访谈，在对他（她）们阅读习惯的养成原因进行梳理后，大致归纳出这样三个路径：

童年期的决定性养成。一般来说，能够把阅读作为生活方式的成年人，大都是在童年时期（特别是学龄前时期）建立了良好的阅读习惯和兴趣。我们都知道，童年是一个人习惯养成的最佳时间，人生的很多好习惯都是童年时期的馈赠。因为一个人年幼时，尚未有完全的认知，这个时候家庭环境给予了什么样的影响和改变，会在很大程度上决定其人生的未来走向。这个环境是综合因素，概括起来说就是童年的关键人物和关键事件。关键人物中父母的影响最深远，通常来说父母喜欢阅读孩子就会喜欢阅读，这是因为孩子会在耳濡目染中培养起阅读意识，进而养成阅读习惯，所谓的书香世家大概就是这样形成的。如果我们搜索"我的阅读史"就会发现，在很多成功人士的童年中，还有一类人——远方来的客人，突然造访的长辈，生活在高处的亲友……他们在某一个时刻，带来了不曾见过的图书，然后童年的阅读开始了。这在年龄稍长、生在农村的成年阅读者中尤为常见。他们也是关键人物，他们出现的那一刻就是关键事件。

青少年期的教育性养成。在这一时期，家庭环境对人的阅读启迪已经逐渐减弱，取而代之的是学校教育。这个时期的关键人物往往是老师、同学和伙伴，其中最重要的是老师。经过对个人阅读史的梳理发现，虽然同学和伙伴有时也会引发一个人的阅读习惯，但其发生率远远低于教师的直接影响。可以说，教师，特别是语文教师，对学生阅读习惯的养成起着关键性作用，很多人的阅读兴趣就是在语文课上被唤起或被掐灭的。遗憾的是，综合起来看，课堂唤醒阅读意识的功能远远低于掐灭的功能。原因在哪里？我们可以归结为应试教育的后果，教师只追求考试而不注重阅读素养的培育。但是，这其实并不是最可怕的，最为可怕的是教师根本就不读书，尤其是语文教师不读书。一个不读书的教师，怎么可能培养出爱读书的学生？

成年期的补偿性养成。还有一些人并没有童年阅读习惯（至少不是真正意义上的阅读），在青少年期也没有形成阅读意识，而是在成年以后进行了修复性、补偿性阅读。起因无外乎工作的需要、成长的必须、生活的顿悟。在工作或生活中，有些教师可能会在某一个特定的时刻，或者受某些人的影响，开始觉得读书是一件很重要的事情，甚至也可能仅仅因为羡慕他人的出口成章、优雅自信，从而决定走进阅读者的行列。这种成年期的读书觉悟，因为没有童年阅读习惯的支持，通常会是一种即时的激情，往往不会坚持多久。在我们身边不乏这样一些人：买了很多书，装修了很漂亮的书房，列出了阅读计划，有模有样地按照计划读了几本书，然后就是好久没有再踏进书房，好久没有打开过一本书。之后某一天，又立下读书志，最终又是不了了之地结束。如此往复，读书终究成了一种"摆设"。

概括起来说，促使一个人把阅读作为生活方式的原因无外乎三个，童年期的家庭影响、青少年期的教育赋予以及成年期的主动补偿。很明显，这三个阶段中，成年期的主动补偿是最困难、效果最不持久的。这或许就是我们现在倡导书香家庭、书香校园的原因——别到了成年时再费尽心思地去为难自己。

成年期如何养成阅读习惯

人一旦进入成年期，想要改变一些习惯就变得很困难。从不喜欢吃香菜到喜欢吃，从用左手写字到用右手写，从不善与人交流到时时可以谈笑风生……任何细微的改变都要付出长久的、巨大的努力。阅读也是如此，从没有阅读习惯到把阅读当成一种生活方式，其艰难程度比以上习惯的改变要高出不知多少倍。艰难并不代表不能，在我的身边就有很多教师在成年期通过努力变成了阅读者，并始终享受着阅读的幸福与快乐。在他们的身上，我发现了改变的可能，也摸索出了改变需要遵循的关键。

首先，要坚信阅读很重要并愿意去改变。读书重不重要？所有人都会说很重要，但很多时候也就停留在口头上。朋友曾经给我讲过这样一件事情：他是学校中层干部，按照校长的要求拟定了一份书香校园建设方案。校长仔细审阅之后，拿起笔把方案中的教师读书板块给删掉了。朋友很是困惑，建设书香校园，教师读书、学生读书和家长读书自然缺一不可，把教师读书去掉不仅方案结构不完整，也不利于学生阅读的推进，便建议校长再考虑一下。校长回答说，咱们学校的老师本来教学任务就重，不能再给他们增加负担了。我相信，这位校长也知道读书很重要，也一定在很多场合提及读书的重要性，只不过他更清楚，造假迎检比读书更容易出政绩，也更紧迫——毕竟读书这件事从来不在上级部门的督导检查内容之列。

在孰重孰轻的决断中，读书往往就不再重要。不仅校长有这样的想法，教师自身也是如此。很多老师一边谆谆教导学生要多读书、读好书，一边用重复性的作业挤掉学生阅读的时间；有的老师偶尔也会拿起书来读一读，但一旦遇到更具体的任务便会将读书之事搁置一边。在很多人的认知里，教师读书是一件很生活化的事，属于教师个人的业余爱好，就像有人喜欢钓鱼，有人喜欢小酌，有人喜欢听戏一样，是一种消磨生活的私人爱好。但是，教师教书育人，教书者首先应该是一个读书者。读书是教师的硬任务，而不是可有可无的奢侈品，这是由教师的职业性质决定的。只有把读书当作教师专业发展的关键内容，并愿意为之付出努力和改变，才有可能启动成年期阅读习惯的补偿性修复。

其次，要有科学的方法或者外力的支持。有了阅读的意识，接下来便是阅读行动。行动改变又有两种可能：一是自己培养自己，就是完全依靠个人的毅力和有效的方法获得阅读的习惯，这一做法有赖阅读者的强大自制力来实现；二是追随重要他人，就是在自己无法坚持下去的时候，寻求榜样影响、顺应环境帮扶或者加入团队组织。第二种路径比较普遍和有效，也是绝大多数教师后天养成阅读习惯的重要途径。比如，你遇到了一位卓越的阅读者，他（她）可以深刻地影响你、引导你,那么你就有可能走上阅读之路;再如,你所在的学校或教研组比较重视教师阅读,你可以积极响应,顺着大家努力的方向走下去,就很可能实现个人的阅读理想。

如果你既没有遇到阅读方面的指引者,所在的环境又不具备读书的氛围,那么你还可以寻求团队的力量,参与、融入一些读书团队,在外力的帮扶与激励下实现个人的习惯养成。

种植与获得：阅读带来的额外奖赏

2014年12月，《中国教师报》开展了"年度榜样"教师推荐，并为七位上榜教师每人提炼了一个关键词，评委组给我的关键词是"不屈"，讲的是我的草根精神。2015年暑假期间，《师道》杂志策划了一期"草根明师"专访。对我的访谈结束后，记者刊发了一篇专稿，讲的仍然是我的草根精神——是根，就有青草漫坡的心。2016年，《教师月刊》推出了七位"年度教师"，我的人物主题被描述为"一个草根教师的阅读之路"。可以说，一路走来，我始终以"草根"的身份实践着"草根式"的成长——被轻视、被淹没、被践踏，却依然可以专心致志地成长。而这份成长，完全得益于阅读带来的额外奖赏：在人生的灰暗处种植希望，在教育的艰难里获得成长。

消解与对抗人生里的不堪

我读书，不是因为有多么宏伟的追求，而是因为天生内向的性格。

以前的我给人的印象就是孤独：在家里，我喜欢躲在墙角旮旯，兀自翻看那些早已破烂不堪的书,那是曾经读过师范又教过两年小学的父亲带给我的最大财富;在学校,我喜欢远离疯打疯闹的伙伴,一个人对着满是标语口号的黑板报念念有词,希望用难挨的枯燥来躲避更加难挨的喧嚣。在很长一段时间里,我以为这只是一个生性孤僻的人逃避世界的借口,算不上真正的阅读,更没有想到会有什么意义和价值。

那时的农村孩子,除了课本以外基本没有什么东西可以读,写起作文来自然干瘪而空洞。因为阅读,我的作文时不时地会冒出一些连老师都没读过的句子,自然就成了老师经常拿来读的范文。这样的口头"发表",在很长时间里消融着我的自卑,也让我寂寞的阅读生活有了继续下去的动力。于是,读得愈加勤奋,写得越来越有劲,得到的表扬也越来越多。可以说,我就是在这样的阅读中被奖赏大的,从村办小学到村办初中,直至带着一身的泥土味闯进市里的重点高中。

由于种种原因,我不得不放弃即将到来的高考。辍学回家后,我无力以务农为生。父亲只好托人替我谋了一份差事,到一所农村初中做临时代课教师,一份既无法糊口更无法养家的临时性工作。在讲究身份等级的学校里,一个临时工的尴尬足以让人卑微到最低处。彼时,正是我人生的爬坡期,命运中徒增了许多沟沟坎坎,让我整个人变得心灰意冷。阅读,又一次成了我的救命稻草,成了我躲避鄙夷目光和嘲讽的工具。上完课,墙外的那片桑树林成了绝好的去处。带一本书,盘腿坐在满是落叶的沟沟坎坎之间,完成一份沉迷其中的阅读。那种阅读,可以让人忘记烦恼,忘记不满,甚至忘记仇恨。

偶然的一次机会,我读到了《苏东坡传》,读到他虽饱经忧患拂逆,却能够安然若素、泰然处之,为人处世上也没有变得尖酸刻薄,反倒更加趋向温和厚道。反复阅读,慢慢感受到支撑他的生命如此敞亮的，应该就是自己的一身才华、不畏挫折的勇气以及不自觉中占领的精神高地。这对我产生了巨大的影响，以至于在我的心中播下了一粒种子——像苏东坡那样把命运把握在自己的手中。受苏东坡的鼓舞，我开始了对抗现实的挣扎——放弃临时工身份回校复读。三个月后我参加了高考，随后接受了两年师范专科教育，成了正儿八经的公办教师。

在另一所农村初中，已经成了公办教师的我"混得"却不如临时工。生性内向，又不善与领导交际（更多时候是不屑）的我被安排到校办工厂当工人，日复一日地做着在污水池边洗刷废旧编织袋的活计。再后来，校办工厂垮掉，我又被"充军发配"到偏远的村办初中，过着没有学生可教的"屈辱"生活——那里的老师都是中心校淘汰的"孬老师"。那是我人生中的至暗时刻，想要站在讲台上的渴望，不得不接受周围人非议的压抑，公办教师被迫做校工的憋屈，时时要面对的不屑目光……那两年，压抑、隐忍、困顿成了生活的主流，而阅读又一次拯救了我——不仅让我有了抵御无端的不公和为难的盔甲，更让我对教育经典著作进行了一次最彻底、最深入、最广博的阅读。那段沉闷的时光，让我结识了苏霍姆林斯基，更让我喜欢上了他的文章——清浅而又深刻的教育叙事。

回望那一段过去，我的阅读理由简单而直接，大多是对生命缺陷的一种本能修复与掩饰，是对生命不堪的消解与对抗，抑或是存在下去的必需与必要。是阅读，让我逼仄的童年生活有了一丝亮光，有了快乐的理由；是阅读，让我不堪的教育生活有了力量的支撑，有了可以继续下去的勇气。可以说，在最初的教育生活里，阅读给了我必要的滋养和帮扶，让我很是相信：阅读是有附加值的，它能养人。

懂得并恪守为人师的本分

一位老师写文章讲了自己的读书故事。在文章的最后，关于读书她提出了自己的观点，认为读书是生活中的奢侈品，并非必需品。如果不喜欢读，大可不必为了什么原因或目的逼自己读。我在文章后面留言说：但，教师是个例外。

"读书是生活中的奢侈品"，这是在网络世界比较流行的一句话。我们如果把这句话所包含的真实意思进行分类，大概有这么两个方向：一是读书很重要，是值得所有人去追求的精神生活，意在强调读书之于人生的超高意义和不菲价值；二是这位老师的观点，觉得读书虽然美好但是很难，认定读书是一件很私人的事情，不可以强求，也不可以自我加压。我个人觉得，第一个方向应该是这句话的正解，第二个方向失之偏颇。也许对于有些人来说，读书是可有可无的事情，至少不存在"必须读"这样的要求。但是，对于一些职业来说，读书就是很重要的事情，尤其是对教师而言，读书不仅重要而且很有必要。

"教师"这个词语，如果作为一种职业来解读的话，最直接的莫过于"教书育人"四个字。也就是说，教师在教书的同时，还要育人。教书，重在知识的传授与启蒙，需要教师具有丰厚的学识和高超的教育艺术，这就注定教师应该是一个具有终身学习能力的群体；育人，重在学生品格的形成与确立，很多时候需要教师以自身的行为和魅力进行"身教"，这就需要教师具备不断自我更新、修身养性的能力。但是，从现实的教师职业形态来看，很多教师根本就没法履行"教书育人"的基本职责，更别谈什么理想的教育和教育的理想。

我们先来说教书。我刚参加工作那几年，曾经在村办初中工作过。学校缺老师，又没有多少人愿意做这种待遇极低的临时工。没办法，学校负责人只好把自己刚刚初中毕业的侄子弄来当老师。这位初中毕业就来教初中的老师，课堂教学的方法很简单，除了领着学生读课文，就是拿着教学参考书给学生核对练习题答案。后来，镇中心校的领导来听课，他照例读教参。领导很生气，让他把教参放下，按照自己的理解去讲。然后，这个老师就站在讲台上发愣，直到下课也没有再讲出来一句话。有人说，教师给学生一碗水，自己要有一桶水。意思是说，教师的知识储备必须远远高于学生的知识水平。很明显，这位老师是在拿一碗水教一碗水，从本质上已经算不上教书。现在，教师的学历水平大大提高，从形式上看已经明显达到"一桶水"的标准。但是，很多老师从毕业后就守着这一桶水过日子，不读书、不学习、不吸收新鲜知识，慢慢地这一桶水会蒸发、会变浊。一年还可以应付，两年也可以将就，三五年下去就已经跟不上学生的需求，就会与前面的那位老师一样无法对学生进行有效的知识传授。所以，教师必须做个读书人，保证自己的这一桶水可以常换常新，甘甜润人。

再来谈育人。有次参加一个交流活动，年轻的语文老师在讲课过程中与学生交流读书的重要性。在讲了很多诸如读书使人明智、读书使人成长之类的意义后，老师让学生说出自己最近读过的一本书，并说出作者和喜欢这本书的原因。现场气氛很热烈，学生们纷纷站起来分享。就在这时候，一个男生站起来问："老师，您最近在读什么书呢？肯定与我们的不一样吧！"其他同学纷纷附和，都想知道老师到底在读什么书。这个老师站在讲台上愣了一下，含糊其词地说自己读的都是专业书籍，都是为了更好地教学生学习之类的著作。没想到，学生们更加起劲，非要老师说出著作的名称。老师的脸变得通红，想了半天说自己在读《大教学》（估计应该是《大教学论》，作者为夸美纽斯），学生们"哇"声一片，被书名的高深与大气所震撼。老师刚想转移话题，又有一个男生问，"老师，《大教学》这么厉害的书是谁写的呀？"这个老师明显有些尴尬，很糊弄地回答说："说了你也不知道，是一个大教育家——苏霍姆林斯基。"然后，老师生硬地结束了关于读书的话题，开始讲起了字词与段落。很明显，教师知道读书的重要性，所以要求学生做个读书人，但自己并没有认真地读过几本书，以至于闹出这样的教学事故。

你想让学生成为什么样子，你自己就首先要成为什么样子，甚至要高于这个样子。只有读书了，教师的那一桶水才有可能变成一溪水，成为知识和能力的不竭源泉，才有可能保证自己在教书这件事上信手拈来。只有读书了，教师才有可能把读书的乐趣真实地传递给学生。否则，你所描述的、讲解给学生的"读书之乐"，肯定是苍白的、有气无力的空喊，不可能触动学生，更不可能将学生带到真正的阅读之中。一个真正沉醉于阅读中的老师，用不着呼喊，用不着胁迫，在日复一日的耳濡目染中，学生就可以嗅到你身上的书香，就可以从你的气息中捕捉到读书的幸福，然后他们就会朝着你的样子去成长。

经常有老师会在各种场合谦称自己是个"教书的"。其实，要想真正成为"教书的"，首先要成为"读书的"。否则，担不起这样的谦称。

影响和点亮实践上的生长

阅读对教师的成长到底有多大的影响？我将教师阅读的价值划分为三个层次，分别是有影响、有改变、有创造。

有影响。读一本书，最基本的作用就是促使人"去对比"，拿作者的经验与自己的实践进行比较，在比较中思考与追问，这也就是我们常说的反思。在临沂六中的一次读书分享会上，吴玉滢老师分享了自己的读书故事：她在郑英老师的作品中读到了很多对待问题学生的优秀做法，便开始反思自己对班里一位同学的态度，并对自己的行为进行了理性追问。在追问与对比中，她觉察到了自己的狭隘，也领悟到了郑老师无条件的大爱，于是便有了"爱会改变他们，会改变教育"的认知。其实，这就是读书对人的影响，我们在阅读中总会有怦然心动的时刻，总会有"想一想"的停留。换句话说，我们总是会被文字打动，并被文字深刻影响。

有改变。如果我们读一本书仅仅局限于被打动、被影响，而没有去行动的踏实实践，那么阅读的价值很快就会泯灭为零。当一个人在阅读中有了思考、有了想法以后，最为重要的就是立刻去行动，利用从书中读到的、于自己有借鉴意义的内容作指导，去修正、提升自己的教育实践。在那次分享活动中，绝大多数分享者都谈到了自己的收获，他们会从书籍中发现一些先进的做法或独特的经验，或直接移植到自己的教育教学中，或以此为模板来改造或改进自己的教育生活方式。他们读《给教师的建议》，会以查字典的方式获得问题解决的方案；他们读《正面管教》，可以直接套用育儿经验去完善教育行为……虽然，大多数人还处于简单的模仿和借鉴阶段，但毕竟已经有了自己的行动——专业理念或经验指导下的教育行动。而这样的行动，无疑改变了认知、行为和努力，也就走上了阅读的第二层价值——阅读改变教育实践。

有创造。这是阅读的高位价值，意在强调"去生成"。也就是说，一本书的价值不是给出让人们行动的准则，也不是提供成长的轨道，而是让读者在"会心一笑"和"欣然而动"之后，生长出自己的行动模式和行为结构，创造出自己的教育主张和教育理念。我们大多数人喜欢引经据典，也习惯于沿着名师专家的脚印行走，却单单忘了自己的创新与创造。一个人如果一直被他人的伟岸所笼罩，充其量只能是行走在影子中的行路人。所以，我们强调"生成"，在他人提供的经验背景下不断产生自己的想法，在他人提供的营养中不断生长出自己的力量和经验，直至发现超越于著作的新思考、新主张和新理念。

两周前，我们区组织了新教师读写素养提升专项培训，在培训课程的设置上，我专门邀请了半程中心幼儿园的老师们呈现了一场独特的读书分享活动。他们展示的是《聚焦式观察：儿童观察、评价与课程设计》的读书流程，基本的活动环节可以分为以下三步：教师共读《聚焦式观察：儿童观察、评价与课程设计》，通过读书交流活动，确认并明晰幼儿教师观察儿童的基本策略和主要方法；教师根据书中提供的思路和案例，尝试在教学中对儿童实施观察、设计课程、组织教学和评价，获得属于自己的实践经验和困惑；组织召开基于阅读与实践的教学研讨活动，解决实践中存在的问题和困惑，梳理提炼获得的经验和成果。这三步走下来，大概需要一个学期的时间。我希望老师们可以借鉴他们的思路，坚决避开为阅读而阅读、唯阅读而阅读的误区，让阅读真正成为优化教育实践、创新教育行动、催生教育成果的有力工具。

从某种意义上来讲，阅读就是借他人的智慧垫高自己。而教师的专业阅读，也就是借他人的经验提升自己的教育生活。有影响、有改变、有创造，不仅是教师专业阅读价值的层次划分，也是教师专业阅读价值呈现的基本路径：有影响，在对比中反思自己；有改变，在行动中提高自己；有创造，在生成中重新发现自己。

方法与路径：专业阅读的自我实践

所谓专业阅读，是与消遣性阅读相对而言的，也就是用专业的方法去读专业的书籍，进而形成专业认知、专业思维和专业行动的一种阅读行动。它的这一本质，决定了其阅读起点的高位、阅读过程的艰涩和阅读结果的实用性。这个"实用性"，说的就是阅读给教师成长带来的影响。

走进朝向自我成长的专业阅读

我经常会提到这样一个观点：教师必定是个阅读者。而每当这个时候，总会有老师不好意思地说，我不喜欢阅读。然后，一般会继续解释——当了老师后，也就还读读教材和教参。读教材和教参，算不算阅读？很多人说不算。有些人喜欢拿"教师只会读教参"来说事，以此来证明教师群体的颓废，说教师如此不仅有辱读书人的门风，更丢了教书人的脸面。

其实，阅读是一个很宽泛的概念。从某种意义上来说，但凡通过视觉获得信息的过程，都可以称为阅读。看教材、读教参也是一种阅读，只不过是一种专门的阅读。什么是专门的阅读？就是为了解决某件具体的事情而进行的阅读。比如，遇到一个不认识的字，查查字典，知道是什么意思了；拿到一件没用过的商品，看看说明书，知道怎么使用了；碰到一道不会解的数学题，在网络上搜索一下，完美地解决了……这些都可以算作专门的阅读。对于教师来说，专门的阅读必不可少。无论你要讲哪一节课，至少会在课前读一读教材，知道自己要讲些什么；备课的时候还要读一读教参，知道自己应该怎样去讲，课后还要读一读学生的作业和反馈，知道这节课的效果到底如何。

专门的阅读，具有明确的目的性，是一种工具性阅读。也正因此，它一度被人看成是功利阅读，甚至被排除在阅读之外。这种阅读观是狭隘的，在很多时候，正是这种工具性阅读，让人在最短的时间内，找到自己需要的答案，成长也就在这种亦步亦趋中积累而来。另外，专门的阅读不仅仅是就某一个点进行的阅读，它也可以是有计划的整体性系统阅读。从广义上来说，一个孩童从入学那天起，所进行的主要阅读就是专门的阅读。所以，在我看来，专门的阅读不仅必要，而且重要。它对于人的成长，具有根的意义。

除了专门的阅读，还有一种阅读——专业阅读。教师属于专业技术人员，从事的是一种专业性很强的职业，所以教师的一切实践都应该具有专业性，包括阅读。

说到专业阅读，首先要弄清楚教师知识结构的合理组成。一般来说，教师知识结构应由学科专业知识、教育专业知识和人文知识三部分组成。对于成长中的教师来说，这三部分知识的合理比例大致呈现为"学科专业知识＞教育专业知识＞人文知识"，随着教师发展水平的递进，这个比例会出现一个逆向的变化。也就是说，随着教师的高位成长，学科专业知识占的比例会越来越低，而人文知识的比例会越来越高。由此，我们可以得出这样一个结论：越是在教师专业发展的底部位置，专业阅读就显得越重要。因为，学科专业知识和教育专业知识的输入性获得，依赖的大都是专业阅读。

对于专业阅读，每一个人都有自己的理解。在不同的语境和眼界里，教师对专业阅读的认知是不一样的。但是，无论怎么变化与波动，专业阅读最基本的标准和要求是固定的。

首先是阅读内容的专业性。教师的专业阅读应该读什么？第一要读的应该是本学科领域的书籍文章。如果你是教数学的，自然要多读一些数学书籍；如果你教的是语文，语文教学方面的文章就要多涉猎。当然，这并不影响语文老师读数学、物理、化学等方面的资料。我所强调的，是学科教师首先要读的就是本学科的著作，并非其他的书就不能读。第二要读的是教育专著。这样的阅读，并不直接改变你的教学技术和手段，却能够影响你的教育思想和实践，改变你对教育的理解和思考。另外，每个人的资质不同，受教育的背景和阅历迥异，专业阅读的方向也会不同。所以，每一位教师，都要对自身现有知识状况进行分析，客观地对自己的现实基础做一个判断，明确专业学习的方向和目标。然后，选准对自己专业发展最有利的书籍，这是专业阅读当中至关重要的一步。

其次是阅读方式的专业性。从广义上来说，阅读的方式有两种，一是感性阅读，一是知性阅读。所谓感性阅读，是指带有消遣性质的快餐式的阅读，阅读者仅凭感觉去感受书中的信息而不加以反思咀嚼。所谓知性阅读，是指带有钻研性质的理解性阅读，阅读者凭借逻辑和已有的经验去理解书中的观点，与书籍反复对话，并以书中的思想对自身经验进行反思和改进。教师的专业阅读，应该是后者，即知性阅读。知性阅读的特征有两个：一是破坏性，就是打破自己原有的东西；二是建构性，就是形成自己的思想系统。而这，恰恰是教师专业阅读的追求和目标。所以，我们说，专业阅读是奠基性的阅读，对于人的成长具有固基和延伸的价值。

从教师专业发展的角度来说，无论是专门的阅读，还是专业阅读，都是指向成长的阅读。

啃读是一种高品质的专业阅读

当下，推动阅读的人很多，愿意阅读的人也很多，但大都徘徊在真正的专业阅读之外。大多数时候，人们更愿意把阅读作为一种消遣，甚至是一种装饰，很少会有人去认真地啃读一本书。所以，为了成长的发生和精神的建设，在这个快速变化的时代，我们依然需要这样一种"慢炖"主义——啃读。

那么，如何理解"啃读"，如何实现"啃读"呢？我认为，倘若需要对"啃读"进行界定或辨识，可以从其有别于其他阅读方式的三个特征去理解。这三个特征分别是：阅读内容的难度，阅读行动的深度，阅读质量的高度。

阅读内容的难度。"啃"的直接释义是一点儿一点儿地往下咬。由此可见，但凡需要"啃"的东西一定很坚硬且有一定韧度，可以很容易下口却很难直接撕咬下来。按照字面意思来理解，值得啃读的书通常有一定难度，比起那些可以"悦读"的书会略显高深或艰涩。对于教师来说，值得啃读的书籍大概有两类：一是经典原著，也就是教师人生的"垫底"书。只有这类经过大浪淘沙流传下来的作品，其思想内涵、艺术品质和知识含量才足以帮助教师实现精神上的"进化"，诸如注释本、今译本等隔了一层的作品则不宜拿来啃读。二是专业著作，也就是教师能力的"拔高"书。阅读这类著作需要一定的专业基础，来理解其中的专业术语、独特逻辑和精深思想，而一个人要想进入一个完全陌生的知识系统，需要时间上的付出和方法上的匹配，这就让专业书籍具备了啃读特质。

以王国维先生的《人间词话》为例。这本书看起来与中国相袭已久的诗话、词话一类作品相近，在体例、格式等方面并无显著差别。但是，如果认真阅读这本书你就会发现，王国维先生在书中明确提出了自己的学术观点——"境界"说，并以此为核心观点统领其他论点，完整建构起了串联全部主张的话语脉络，已经初步形成了自己的理论体系。也就是说，这本书完全具备了理论著作的典型特征。与同时期的类似作品相比，其内容的完整性和体系的严谨性更为明显，流传的广度与影响的深度更为突出，兼具了经典与专业的双重价值。所以，《人间词话》就属于适合啃读的一本书。

阅读行动的深度。阅读行动是有深浅之分的，区分的标准有两个：一个是用时，也就是你尽力读一本书所用的时间；一个是用心，也就是你在一本书上花费的心思。有的阅读可以做到一览无余，两三个小时就可以把一本书读通、读明白，这是一种浅层次的阅读，适合于通俗读物或普及性读物。而经典或专业著作的阅读则不同，你不可能一口气把它读完，而是需要一句句地啃，一段段地悟。也就是说，它的每一个字都可以用很多文字来解释，每一句话都值得停下来去思考，断断续续就会用掉大量的时间。至于读书所用的心思，苏东坡的"旧书不厌百回读，熟读深思子自知"比较形象，这里的"百回读"和"熟读"都在强调读书人的耐心和毅力，其实也就是我们所说的"用心"——愿意在一本书上花费心思。而这种花费心思的阅读，也是啃读的标识之一。

深度的阅读行动绝对不仅仅是标注、勾画和反复读，而是使用有效的阅读方法。朱光潜先生曾说，"阅读需要'经院式'的系统训练"，啃读当然更讲究阅读行动的科学性和有效性。下面，我以阅读《终身成长》为例，介绍利用思维导图开展啃读行动的方法：读第一遍，感觉处处是重点，每句话都很新鲜，用黑色笔勾画了很多内容；读第二遍，抓住了每个章节的诸多重点，分清了全部内容的主次，用红色笔批注了关键点；读第三遍，梳理出全部八章内容的逻辑关系"模式—解释—改变"及其子逻辑，绘制出思维导图的主题；读第四遍，按照逻辑关系进一步完善导图，借助标注、外框、关系线等呈现子逻辑下的关键点；读第五遍，以原著为根本，借助查阅文献、搜索引擎等方式逐个破解导图上尚不理解的知识点，补充导图细节，完成《终身成长》的啃读。

阅读质量的高度。悦读与啃读的阅读质量问题，近似于美食与快餐的逻辑关系。我用一个更具体的生活事例来说明：小时候我喜欢啃榨完油后的花生制作而成的花生饼，巴掌大小的一块饼可以啃上一个月的时间。上课的时候从兜里拿出来偷偷啃几口，奇香无比；课间十分钟津津有味地啃上一会儿，虽然半个花生米大小的饼末都啃不下来，却兴奋无比。后来，家里买了把锋利的刀，父亲用刀把花生饼削成薄薄的饼片，再吃起来就很容易嚼碎，却也没有了那种独特的香味。同样的花生饼，一点点啃着吃要比一口吃下去味道香很多；同样一本书，慢慢啃出来的营养必定更丰富，阅读质量必然比浮光掠影的阅读要高很多。

当然，花生饼的故事只是类比，我是想借此表达在快速变化的时代保持"慢炖"主义的必要性。啃读的价值肯定不仅是增加"香味"

那么简单，它更重要的意义在于高质量阅读下的高幸福感。一般来说，快速阅读的幸福感来自"印证"，如果从一本书里读到了自己熟悉的东西，而其恰好印证了自己的现状、观点和认知，人就会从这种被印证中获得幸福感。而啃读的意义在于，将阅读的幸福感从印证（印证自己已有的）转向发现（发现自己从未知晓的），从享受熟悉转向享受陌生再到享受创造。所以，啃读的最高境界就是用生命去印证——并不是书上怎么说你就怎么去做，而是对那些我们最终认可的真理，在自己的教育实践中印证并创生，否则就不能说我们学到了它，也不能说我们完整地啃读了一本书。

教师开展啃读行动的三个路径

啃读作为一种高品质的专业阅读，阅读起点高、阅读过程艰涩，坚持起来自然痛苦而艰辛，因此，我们不妨借助以下三个路径：

啃读一本经典。阅读一本专业经典，绝不是捧着书本勾勾画画，也不是把美好的句子摘抄下来，更不是把书的内容进行熟练背诵，而是要把书里的精髓吸收到自己头脑里，落实在教育行动中。2020年12月，叙事者共读了《脑科学与课堂》，领读人是李竺姿老师。在12月26日晚上的"线上书吧"中，李老师重点分享了《脑科学与课堂》和她的幸福教室的故事，从中我们可以看出啃读之于教师成长的真正意义。

李竺姿老师是一位乡村小学教师，颇有教育情怀的她不甘心墨守乡村教育的单调，试图在自己的教室里打造一方不一样的教育。为此，她借鉴模仿一些教育文章中的经验做法，在自己的小天地里断断续续做了一些有意思的探索——带着学生搞一些小活动，为教室增添一些小物品。这些小的改进和创新，就像是在陈旧的衣服上绣花朵，局部看起来是亮了，也有了些新鲜感，整体上却是不伦不类的大杂烩，教育的效果和价值一直达不到理想的效果。就在这时候，她接触到了《脑科学与课堂》这本书，并对这本书进行了啃读。在反复的啃读中，她把握住了作者提出的"以脑为导向的教学模式"六大目标，并以此为核心理念去梳理、优化、提升自己的教室建设。她以书中的理念为指导，结合自己已有的教育实践，按照六大目标去系统打造自己的幸福教室。短短一年多的时间，她的"幸福教室"初现雏形。基于先进理念的创生性教育实践，让她的教育越来越多地呈现出生机与活力。可以说，一本书的介入，让她的教育实践由小打小闹的局部"改进"，一步跃入宏大系统的全面"建设"——实践的建设与理念的建设。

啃读一个专题。围绕专题的啃读，通常是与自己的研究方向或发展领域相一致的，其意义在于通过五年、十年甚至更长时间的阅读，让自己成为某一个方面的行家里手，拥有充分的话语权。这里的专题，可以是一个人，也可以是一个方向。比如，当确定了对标成长对象后，可以先从他的作品读起，在阅读中完成对名家的认识和了解，并尽可能深入地走进名家的精神世界，从而接受其带来的影响、改变和改造。当然，我更主张从"一个方向"上的专题开展啃读。

我曾经痴迷于班级量化管理，就是用分数把学生的一举一动进行量化，然后根据分数的多少来界定学生的行为表现。这种量化将复杂的育人行为简单化，不仅操作起来简单易行，而且效果明显。但弊端也显而易见——班级管理缺少温度与情感。偶然的机会，我接触到《叙事教育学》，被不讲道理只讲故事的理念所吸引，我开始探索在班级管理中植入故事元素。由于教育领域的相关著作极其少，我开始以

《叙事教育学》为中心进行跨领域阅读，从心理学领域到商业领域再到影视领域，几乎所有与故事相关的著作均被我啃读一遍。与单纯的阅读不同的是，我坚持用写作来增加啃读的深度，在反思中慢慢织就了叙事教育理论的全景图。更重要的是，在不断阅读中，故事逐渐被植入我的教育实践，从写故事促进反思到用故事优化教育实践，再到故事课程的开始与实施，我不仅完成了"叙事教育"理念上的建构，也在实践上进行了必要的确认和拓展。

啃读一位名家。在我担任班主任工作的第三年，班里发生了一桩盗窃事件：课间操的时间，有一个女生的二十元钱不翼而飞，一时间闹得沸沸扬扬。在了解了整个事件的来龙去脉之后，我想起了曾经读过的一篇文章，里面详细介绍了此类问题的解决方法。在那篇文章里，作者说自己准备了一个很大的纸箱子，让每一个学生都把自己的手伸进箱子里再拿出来，等全班同学依次完成过后，箱子里果然留下了被偷走的钱。最后，作者说这种做法在不声不响中解决了问题，还没有揭穿偷东西学生的"老底"，是一种很经典的教育智慧。我模仿了作者的做法，最后箱子里却空空如也。

这件事情让我意识到，阅读而来的经验做法复制到自己的实践中未必会产生作用，达到经验提供者所述的效果。因为事件发生的背景不同，实践者的教育掌控能力也不一样。陶行知"四颗糖的故事"，被老师模仿至教育实践中效果不佳也是这个道理。其实，在阅读价值的确认上，始终有一个道与术的选择问题，是选择具体的"术"还是方向性的"道"，在某种程度上决定了阅读的品质和效益。读完"四颗糖的故事"，我们切不可真的拿四颗糖去教育孩子，简单地复制解决问题的"术"，而应该学习借鉴陶行知先生尊重学生、信任学生的为师之"道"。

探索与坚守：教师团队共读的力量

专业阅读在初期大多带点苦读的味道，属于需要性的阅读。这样的阅读，单靠一个人的力量往往很难启动或者坚持下去。而且教师的专业阅读需要形成一个阅读体系，这也不是一个人可以轻易办到的。这个时候，团队共读就显出了独特的优势。在团队共读中，可以彼此参照、互为引领，在集思广益中提升阅读的层级和序列。而且，比较规范的阅读团队，可能会制作出阅读的课程，由团队管理层凭借专业力量建构出阅读体系。"叙事者·共读"就是这样一种模式。

为了推动阅读而做出的努力

我一直希望所有的人都可以得到阅读的滋养。为此，我做过各种各样的尝试。比如，身为数学老师的我，常常越位做语文老师的活，为班里购买书橱、添置图书，大张旗鼓地组建学生阅读社团。类似的傻事不胜枚举，虽然最终没有改变什么"大局"，却在内心播下了带着别人一起读书的种子。

前几年，我陪同《中国教师报》记者宋鸽老师调研名师工作室建设情况。一位列席座谈会的新教师发言："其实我们年轻教师知道读书的好处，也知道要想成为教育家型的教师就必须多读书，但是乡村小学的老教师们基本不读书，我们想读也不知道应该怎么去读，更不知道应该读哪些书……"也许，每一位青年教师都有过读书之志，但在一个不读书的环境里，他们的志向很容易迷失，慢慢也就彻底消失。

　　有一次，我给某个大学的国培班学员讲教师阅读与专业发展。在互动环节，一位老师质疑道："王老师，教师的关键发展期就那么几年，等读书的效果起作用时我们也就快退休了，还不如趁年轻多磨几节课，多拿一些优质课证书。毕竟这些与一个人的底蕴培养相比要来得快，在各级骨干评选上也更加看得见摸得着。"读书不实惠，这位骨干教师（参加国培的一般是骨干教师）的想法，差不多是成熟教师的一种普遍意识。

　　类似的事情我还经历过很多，读书已经成了教师不可为、不愿为的奢侈品。教书却不读书，这样的尴尬时时触动着我的内心。为此，我开始关注教师的阅读力培养，我希望每一位教师首先成为读书人。

　　我的讲座主题大都与教师读写有关。每每讲座结束，我总会向校长建议成立一个教师读写团队，并主动提出给予团队一些指导和引领。就这样，我开始依托学校建立教师读写团队，并尝试借助网络（QQ 群等）与遍布全国各地的团队进行互动联系。在这一个阶段，我开始推动教师进行经典阅读，不仅费尽心思地为每个团队制定读书方案，还不惜花费时间和精力到各地进行一些线下的交流。最初，这些小团队朝气蓬勃，读书活动开展得丰富多彩，并卓有成效。慢慢地，这些团队的活动越来越少，有的甚至偃旗息鼓，三十多个团队能够坚持正常开展活动的已经达不到三分之二。

究其原因，我梳理了三条：一是这些团队虽然定性为教师自发组织，实则是学校的官方组织，校长的支持力度和参与热情决定了团队走下去的力量；二是这些团队成员名义上是自愿加入，实际上是在校长的号召和倡导下"半推半就"参加了活动，主动成长意识大打折扣；三是团队规模太小，成员间激发不出异质化的交流碰撞。

怎么办？2015年，我开始尝试组建联盟式的读写团队，试图把零散于各地的小团队整合成一个成长联盟，并为此做了巨大的努力，但效果依然不明显。苦闷彷徨，多少个不眠之夜，我都在为此而焦虑不安。有朋友劝我，这就是一个缺乏读书的时代，社会大环境如此，你一个小老师又何必如此折腾呢？

我没有因此懈怠，我坚定地相信，一定会有一个更好的办法，聚集起一批真正愿意读书、喜欢读书的志同道合者。

"叙事者"如何共读一本书

"叙事者·共读"的核心理念是深度拥有一本书，追求阅读的深度、信度和效度。为此，"叙事者"形成了一套完整的共读方案，分为三大环节。

环节一，选书。选书是团队共读最为重要的一个环节，是一件十分考验团队智慧的事情。读什么样的书？什么样的书值得共读？"叙事者"在选书时充分尊重团队成员的意见，一般是在学期开始之前的一个月，通过微信公众号、QQ群等平台发布"荐书"公告，发动全体成员推荐自己最喜欢的书。同时，团队还会邀请知名的专业阅读人士、媒体读书栏目的编辑等向"叙事者"推荐图书，以增加阅读书目的专业性。

荐书结束后，阅读项目管理人员会把团队成员推荐的图书进行汇总，选出推荐率比较高的二十本书，再加上专业人士推荐的十本书，作为共读候选图书。然后通过网络投票的形式，选出前十名提供给专家团队，由专家团队确定其中的六本书作为本学期的共读图书，其他二十四本书则作为重点图书推荐给成员自由阅读。

"叙事者"的共读行动以学期为单元进行，共读的六本书一般会兼顾人文底蕴和专业能力的培养，也会注重由易到难、从通俗到经典的阅读梯次。

环节二，读书。"叙事者"以草根教师群体为主，大多数人渴望读书却又不知如何读书，或者说想读书却又坚持不下去，所以"领读"就显得尤为重要。在共读图书确定后，管理人员就会在公布书目的同时，发布一个征集"领读人"的公告，公开选拔"领读专家"，一本书一位。领读人确定以后，一本书的"共读"正式开始，主要包括以下三个步骤：

一是"启动导读"。每个月第一周的周一，领读人在 QQ 群发布"启动导读"，对整本书进行系统介绍，并提供可操作的阅读方案，带领团队成员进入这本书的"初阅读"。"初阅读"持续三周，主要以团队成员自主阅读为主，团队成员可在 QQ 群内随时交流心得和困惑，或向领读人提问，帮助自己完成阅读。

二是"问题导读"。第三周的周六，领读人会结合"初阅读"的情况，列出有助于深度阅读的系列问题，发布"问题导读"，启动为期一周的"聚焦阅读"。团队成员则围绕领读人的问题，在每个月的第四周进行反刍式"二次阅读"。

三是"线上书吧"。每个月第四周的周日晚上七点半，"叙事者"通过 QQ 群开展读书交流活动，由领读人主持，对共读的书目进行深度交流，实现对一本书的"再阅读"。

环节三，拥有书。怎样才算拥有一本书？"叙事者"认为，只有把书读进心里，付诸行动里，融入气质里，才算真正拥有了一本书。所以，在读书活动结束后，"叙事者"要求每位成员撰写一篇书评或读后感，并把读书的收获运用到平时的教育教学实践中，开展必要的教育行动研究。

"共读"的必要性和现实意义

在"叙事者"共读的两年时间里，我见证了众多草根教师从迷茫到觉醒的阅读成长历程，也深深感受到了团队共读对普通教师的意义和价值。

获取力量。在小区里，我曾遇到一个不愿意去上学的孩子。妈妈各种利诱，买好吃的东西、漂亮的玩具，都无法说服孩子去上学。我问孩子："为什么不想上学呢？"孩子说："不好玩，不想去。"我问他："楼上的小雨雨干吗去了呢？""上学去了！""楼下的萌宝呢？""也上学去了！"我说："你看，像你一样大的小朋友都在上学呢！你是不是也应该去上学呢？"他想了想说："好吧！"然后背起书包跟着妈妈上学去了。

其实，让这个孩子去上学的原因不在于我的"能言善辩"，而在于环境的力量。人是很容易服从于环境的，周围的人都在做同一件事情，你也就会自然而然地去做这件事情，这就是环境的影响力。而团队共读最起码的优势就在于：它可以让你置身于一个阅读的环境之中，并在不自觉中走向阅读。当然，这只是团队共读最基本、最基础的力量。事实上，团队共读还可以帮助你获得更多力量：比如榜样的力量,在一个团队之中会有走得快的人,这些人可以影响你加快步伐;比如同伴的力量,更多时候,一个人行走的勇气来源于同伴间的相互鼓励、监督,甚至是相互的"不服气"。

在"叙事者"成立之初,很多成员没有完整地阅读过一本专业教育书籍。当第一本书共读到第二周时,便有人打起了退堂鼓,不断地在 QQ 群里喊"太难了,读不下去呀!"这时,就会有人给他鼓劲:"多读几遍就好了,有什么不懂的我们一起讨论!""三个臭皮匠还顶一个诸葛亮,咱们是一群人,怕啥呢?"就这样,书越读越顺,越读越多。陈玉卿老师说:"我教了十二年书,只读过一本教科书以外的书。这一年,我读了十二本书。1∶12 和 12∶1 说明了什么?"是的,人大都有惰性,需要相互间的邀约。拿起一本书读不了几页,就不愿意再读,这就是惰性。大家一起去读一本书,就多了抱团取暖的诗情,也有了你追我赶的画意。

形成能力。有时候,我们有决心要去读一本书,也积攒了足够多读下去的力量,却仍然读不下去。这就不是缺少动力的缘故了,而是缺少读书的能力。有人可能会说,阅读谁不会,只要认识字,能从头到尾读下来,不就行了吗?严格起来说,这不是阅读,充其量算浏览。阅读不仅仅是识别文字,而是要从文字中读出独到的理解和感受。

我一直认为,没有人天生就具有阅读的能力,阅读需要引领,需要培养。这一点,在专业阅读中显得尤为重要。很多专业书籍比较艰涩难懂,倘若没有丰厚的底蕴,没有足够的专业能力,极易因"读不懂"而停滞。而团队共读则可以给予成员能力上的支撑:一方面,领读者的带领大大降低了阅读的难度;另一方面,同一本书,一百个读者就会有一百种理解,每人一种认识,每人一个观点,汇集起来完全可以让一本书变得通透。这两点，是"一个人的阅读"所无法企及的。

去年，"叙事者"共读《菜根谭》。这是一本相当难读的书，书中提及的很多词汇老师根本就闻所未闻。团队成员在阅读中不断丰富文本，有时为了一个词而去寻找一篇文章、一本书，然后又由一本书引出另一本书。就这样，QQ群里不断有人分享自己的"寻书"之路，由《菜根谭》引发的阅读远远超过了阅读这本书本身。后来，这种阅读被我们称为"根须式阅读"，逐渐成为"叙事者"读书的通用方法。在团队中耳濡目染的这些阅读技巧，一点点沉淀成教师的阅读能力。一个人从无知到知之甚多，很多时候不是依靠倾盆灌入，而是慢慢积攒、慢慢熏陶的结果。

走向专业。人只有具备了足够的阅读能力，才有可能走上真正的专业阅读。从这个意义上来说，团队共读是帮助一个人形成阅读能力、走上专业阅读的"孵化器"。那么，怎么样才算走上了专业阅读呢？我觉得至少要有这么两点：一是要有自己的阅读架构，知道自己可以读什么样的书，应该读什么样的书；二是要有自己的阅读方式，知道如何去读一本书、一类书，如何在阅读中尽可能地获得更多的东西。

换句话说，一个走向专业阅读的教师，一定要有自己独到的阅读品质。从这个意义上来说，阅读确实是一件很私人的事情，有着自己的规划和朝向，有着独立的选择和甄别，有着鲜明的个人喜好与坚守。但是，专业阅读的这种性质或者说品位，不会一蹴而就，需要一段漫长而合群的"共读"来培育。这或许就是教师团队共读的最大意义——引发一个人的专业阅读，让每一个人形成专业而私有的阅读品质。

所以，我们强调的团队共读有两层意思：首先，团队共读代替不了个人的努力。一个人的阅读也罢，一群人的共读也罢，要想一步步走向专业，都需要自己的长久努力。个人不努力，再优秀的团队也无法把你带向成功。其次，团队共读不会长久地完全存在于你的阅读生命之中。在团队中行走一段时间以后，个人的阅读能力形成了，有了自己的专业阅读品质，你有可能会离开团队独自行走，即使不离开，在你的阅读生命中肯定也有了自己私密的阅读空间，团队不再是你的唯一。

毕竟，共读只是帮助阅读走向"私人"的一段旅程。

第四章

教师专业写作的发生与建设

　　写作是一种自我发现,是写作者重新组装自己原有的知识经验,建构起对新知识的理解,形成新能力的过程。教师的专业写作是帮助教师走向名师的关键力量,它可以让教师成为教育实践的总结者和教育经验的输出者。

教师教育写作：自主建构与经验表达

写作是进行理论生产，表达研究成果的最终环节，是研究者的必备能力。那么，作为一线教师要不要写作呢？我想，很有必要。因为教师职业兼具体力劳动和脑力劳动、规范和艺术双重特质，要想成为一名优秀的教师，就不能让自己沦为简单的劳务型实践者，而应该修炼为白天能干活、夜晚能研究的复合型人才。

教师教育写作的困境与认知归因

在谈写作之前，有一个问题必须先弄清楚：中小学教师的写作现状到底是什么样子？

几年前，参加某市的班主任基本功大赛评委工作，第一项工作是对选手们提交的班级管理案例进行赋分。在阅读这些案例时，我发现了大量重复的内容，其中有五位教师的案例几乎一模一样，仅仅变更了案例中学生的姓名而已。经过调查，这五位教师都承认是从网络上下载的案例，巧合的是他们"参考"了同一篇文章，"复制"了同一个成果。其实，如果对所有文章进行查重，一定会发现更多抄袭的文章。

我曾经做过一个匿名的教育写作问卷调查,其中有一项内容是:当领导布置上交一篇工作总结时,你首先想到的是去做什么?选择"查阅和借鉴网络资料"的教师占到了80%。就这个选择项,有两点需要进一步思考:首先,从工作总结的写作上来说,首先要做的应该是回顾梳理个人的教育实践,然后对实践成果进行描述、提炼和评鉴,在建立逻辑框架的基础上开始写作;其次,这80%的选择者所认为的"查阅和借鉴",很少是借鉴别人的文本写作模式,而是借鉴文本内容,也就是复制别人的工作内容作为自己的工作总结,这已经与撰写工作总结的意义南辕北辙。由此,我们可以窥见教师教育写作现状的不堪,而事实上也的确如此——网络搜索、复制下载、改头换面已经成为部分教师应对教育写作任务的三部曲。

那么,教师为什么不愿意写作?我觉得大概有这么三个方面的原因:

其一,认知低下带来的自我设限。在有些中小学教师看来,教师是实践性岗位,只要能把学生管好、把知识讲明白,就是一个合格的教师。倘若教学成绩还不错,那就足以称得上是好老师。至于写作,在他们看来是可有可无的奢侈品,不写也不会影响自己教课,写了也不会立即带来可见的好处,所以绝大多数老师选择安心做一个"安分守己"的普通老师。这种自我设限往往表现在两个方面:一是认为自己的职业岗位不需要写作,自觉将教师岗降低为流水线工人岗;二是认为自己的能力不足以写作,将写作列为作家才可以实践的行为,心甘情愿地将自己排除在写作者行列之外。

其二,畏难意识产生的主动拒绝。也有一些教师,他们知道写作的重要性,知道教师职业需要借助写作来梳理和提炼教育实践,更需要文字来物化和表达教育经验。但是，他们总是感觉写作很难，纵然胸有千沟万壑，笔下却难有一言。其中不乏一些名师，若是邀请他们讲课他们大都乐意之至，但若是邀请他们写写课堂教学的经验成果，他们就会有畏难情绪——宁愿讲十节示范课，也不愿去写千字左右的文章。在他们看来，讲课是很容易进行的教学实践，而写作是万万不能的艰巨任务。前面提到的那五位抄袭同一篇案例的老师，我曾经在当地朋友的帮助下做过进一步跟踪，在问及"为什么不自己去撰写属于自己的案例"时，他们表示并不是没有案例可写，而是感觉自己写不出来，或者说写得质量不高，所以直接选择了抄袭式的"借鉴"。这种因畏难而选择放弃写作的情形，在教师群体中并不少见。感觉很难，便不去尝试、主动拒绝，是阻碍教师走上写作道路的关键原因。

其三，成长环境诱发的随波逐流。实事求是地讲，当下的教师成长环境不利于研究型教师发展。因为大家都不做研究，那些原本有些做研究念头的老师，在一番瞭望观察之后也就容易选择随大流。以前面提到的买论文为例，这本属于典型的学术造假行为，但在一线教师看来却是被逼无奈之举——谁愿意花钱买论文呀！不买没办法呀！于是，你买我买大家都买，当绝大多数人都是论文购买者时，不买论文的倒成了异类。现实中，我们会看到某老师购买的论文被成功使用以后，这位老师就会成为购买论文的信息传播者、渠道提供者，甚至会成为论文购买的代理者。大家都在买论文，我为什么要去写论文？这种心态也是教师不愿意走向写作的原因之一。

教师成为写作者的可能路径

从实践上来说，教师专业发展的主要路径和方式包括专家引领、同伴互助、自我反思、教育写作、专业阅读、校本教研、学习培训、关键事件激励、磨课赛课等。分析这些方式可以看出来，有些方式是独立存在的，有些方式则能够勾连起其他多种方式，比如教育写作。

教育写作既可以作为教师专业发展的一种路径，同时也能够通过与其他路径相关联而产生更加强大的成长效益。可以说教育写作是自我反思产生和实现的最重要方式。与自我反思的勾连，也是最稳定、最深邃、最有效的一种。至于专家引领、同伴互助、专业阅读、校本教研、学习培训、磨课赛课等，如果没有教育写作作为后续的巩固和补充，其产生的效果和效益必定会大打折扣。从这个角度来说，教育写作应该是其他各种成长方式的继续和纵深，是对其他路径的提升和促进。由此可以说，教育写作是教师专业发展的重要支点、关键方式和独特路径。那么，教师如何才能走上教育写作的道路呢？大概有以下几种可能性。

兴趣习惯是原动力。对于部分教师来说，他们具备专业成长的优良基础，天然就有记录个人生活、梳理实践经验和提炼教育成果的观念和意识。他们往往钟情于文字的俊逸和深邃，善于从写作的寂寞和枯燥中发现乐趣，并在不断写作中获得精神和能力上的满足。其实，我们每一个人都自带婴儿般的自我表现欲，都喜欢借助某种方式把自己的内心世界或者生命辉煌展示给他人看，而写作就是其中的一种方式。

我曾经在一篇文章中写过这么一段经历：那时，我刚刚上小学一年级,按照母亲的要求去村里的小卖部买一斤点灯用的"洋油"(那时候村里人对煤油的通俗称呼)。回来以后,母亲让我帮她记下这件事,以便知道这一斤油可以用多久。于是,我在客厅的墙壁上用粉笔写下了一句话,说明白了哪年哪月买了多少"洋油"。当母亲看到这幅歪歪扭扭夹带错字和拼音的"作品"时,惊呼着拽来好多人前来观看。至今,我依然记得那份骄傲和兴奋。后来,这幅"作品"被保留了下来,每个来我家的人看后都会啧啧夸赞一番。也许,当一个人掌握了文字之后,那份与生俱来的表达欲望便有了出口和依托。每个人都是天生的写作者,只不过,随着时间与岁月的推移,很多人把精力放在了忙碌更重要的事情上,从而忽略或淡忘了写作的愿望。而那些依然具有写作兴趣和习惯的教师,只不过是较好地保持了人类最初的表达冲动而已。

具体意义是驱动力。课讲得很好,教学成绩很高,教育经验丰富,却没有能力把这些教育实践成果表达出来。这既是当下诸多名师的共同短板,也是阻碍教师群体专业成长的主要瓶颈。从当下的教师写作情况来看,能够自始至终保持写作习惯的人极少,绝大多数人都在岁月的冲洗下与写作渐行渐远,直至放弃了写作。但是,在一些机缘巧合之下,很多人会重新认识到写作的价值和意义,他们的写作愿望会被重新唤醒,写作行动也会重新获得启动。

概括来说,给"忘却写作"的教师重新注入驱动力的,主要有以下三种"需求"。一是现实需求。当教师晋升职称、业务评选等需要论文时,教师可能就会为了达成目标而重拾写作;当教师成为名师或功成名就,面临向他人传递经验和成果的任务时,他们可能会为了准备主题讲座、成果推广材料等而重拾写作。二是认可需求。也有一些教师,忙忙碌碌走过很长的教育实践之路,在某种场合(比如同学、同事聚会）看到自己与别人的差距，有了奋起直追的念头，那么文字就有可能成为首选的工具，写作就有可能成为奋斗的"武器"。三是成长需求。除以上具体而现实的直接因素外，绝大多数教师会在成长受困时走向写作之路。比如为了突破成长高原期，借助文字获得力量和可能。

关键事件是推动力。不论走上教育写作的起因和动机如何，一个人开始教育写作后，都会面临一个共同的课题，那就是如何保持写作的激情和信心，让教育写作不仅是一种职业生存方式，更是教师热爱生活、记录生命的方式。这个时候，借助关键事件或者创造关键事件就显得尤为重要。

所谓关键事件，就是能够在节点上推动事情发展或改变事情走向的事件。就教育写作来说，文章发表是最常见、最有价值的关键事件。每一个写作者都有让自己的作品受到更多关注的愿望，而发表无疑是最简单易行的方式。有很多写作者在坚持写作的过程中难免迷茫和懈怠，如果长期不能获得动力支持，就有可能选择放弃。而如果在此时，他的文章在正规的报刊上发表了，无疑将会给写作者带来巨大的精神奖励。所以，我们经常会看到这样的情况，一个人一旦发表了第一篇文章，往往就会源源不断地发表文章。这是因为文章发表这一关键事件激发了写作者的信心，他越写越有激情，越写越追求精致，文章发表的可能性也就越来越大。当然，文章发表是关键事件，但关键事件绝不仅仅是文章发表，重要他人的鼓励、伙伴间的邀约、关键时刻的价值感等，都属于关键事件的推动力量。

教育写作的基本内涵与主要体例

美国儿童文学作家李欧·李奥尼写过这么一个童话故事——《鱼就是鱼》,故事的大意是:小鱼和小蝌蚪生活在同一条小河里,小鱼很想知道陆地上是怎样的一种情景,于是便拜托蝌蚪到岸上去看看。当小蝌蚪长成青蛙后,便带着小鱼的嘱托跳到了陆地上。几个星期以后,青蛙回到了池塘,绘声绘色地向小鱼描述在陆地上看到的东西:鸟、奶牛和人。小鱼听完青蛙的描述后,脑子里立刻呈现了鸟、奶牛和人的画面:每一样东西都是鱼的形状,只是根据青蛙的描述做了细微的调整——鸟是长着两只翅膀的鱼,奶牛是长着两只角、四条腿的鱼,人是戴着一副眼镜、用两条腿走路的鱼。这些奇怪的鸟、奶牛和人,是小鱼在自己生活经验的基础上融合青蛙带来的新信息,从而生成的新认知。这个故事通常被拿来解读建构主义的基本内涵。

其实,它也可以用来解读教育写作,因为教育写作本身就是一个重新建构的过程,符合建构主义的全部特征。借助这个故事,我们可以把教育写作界定为:教育写作是教师重新组装自己的教育实践与已有知识经验,建构起对新知识的理解和认知,形成新能力的过程。简单地说,教师已有的实践经验和知识经验是建构新能力的土壤,教师接收到的新知识和新经验是衍生新能力的种子,而教育写作就是让种子在土壤中生根、发芽、开花、结果的过程。其基本的原理应该是:当教师经历或接收到新鲜的、未知的知识后,就可以充分调动已有的知识储备,将二者重新组装、整合,然后生成新的主张认知和方案表达。

可以借助一个例子来说明。几年前,我写过一篇文章《课堂真的需要被"革命"吗》，大意是：在新课改推进过程中，各地对传统课堂的改革力度一波比一波大，开始出现彻底否定传统课堂的倾向。在短短的几年里，一线教师被迫参与了多种反传统的课堂教学模式推广，这让老师们无所适从，不知道到底应该怎么看待传统课堂。我在经历并思考这个问题的时候，偶然读到了西班牙人腌制火腿的故事——在西班牙的火腿加工厂，每一年腌制火腿所用的海盐都要仔细回收起来，第二年腌制新的火腿时再把这些"老盐"拿出来，加一些新盐进去再次使用。其实，这个做法与节俭无关，而是因为这些"老盐"长期吸附火腿的油脂，慢慢形成了醇厚独特的香味，如此腌制火腿，会有一种新盐无法达到的效果。

就这样，我被"老盐"的价值所点燃，经过不断思考和辨析，得出了新的认知：像西班牙人腌制火腿那样，既保留"老盐"的醇香，又不断补充新鲜的咸味，在时间的作用下让新老交替相融，才是我们对待传统课堂的正确态度，也才是课改的本义和本真。在一线实践困惑的基础上，接受外来观点或经验，将两者进行必要的融合和建构，逐渐形成超越一线实践又不完全重复他人经验的新观点，这就是教育写作的过程，也是教育写作的意义所在。

那么，教师的教育写作主要有哪些体例呢？从促进教师专业成长的视角来说，教师的教育写作可以在以下四种文本上多下功夫：一是教育叙事写作，也就是教育实践的故事性表达；二是教育案例写作，也就是教育经验的系统性表达；三是教育论文写作，也就是教育成果的逻辑性表达；四是教育主题报告写作，也就是教育行动的工具性表达。

一篇好文章的三个关键词

经常会有老师发问,自己写文章好多年了,为什么总是达不到满意的效果?既没有人喜欢读,也没有报刊愿意刊发。我觉得这些老师的写作可能进入了一个误区,在有些老师看来写作就是表达自我,可以想到哪儿就写到哪儿,想怎么写就怎么写,甚至美其名曰写作的自由境界。其实,这是对教育写作的严重误读,教师的教育写作属于专业性写作,有着其必要的表达要求。简单来说,一篇好的教育文章至少应该满足以下三个关键词。

第一个关键词,有价值。我们打算要去写一篇文章时,必须很清晰地知道它的价值在哪里:一是要明确写作的目的是什么,是要解释基本规律还是要创造新的原理;二是要预设文章带给读者的可能感受,期望对读者产生什么层次的、哪些方面的推动。简单地说,就是你写的文章必须要有用,那种老生常谈的、人云亦云的话题,那些没有丝毫创造性的言论和主张,不会带给读者新鲜感,自然也就无法吸引读者。从这个意义上来说,写作属于创造性劳动,需要有一定的价值输出,凡是不能产生价值的"写"都算不上真正的写作。所以,有价值是教师写作要追求的首要目标。

在阅读教师撰写的文章时，师生相逢是被记录较多的事件。一个做了多年教师的人，一定会在某个时刻与曾经的学生相逢，也一定会有相对充分的情感交流。比如，聊聊过去的校园生活，谈谈班里某一个同学的现在，说说自己现在的生活境遇，等等。有的老师习惯于把整个事件记录下来，洋洋洒洒写了很多文字，师生对话几乎一字不落。这样的文章读起来，就会产生千篇一律的重复感，看不到作者想要表达的核心观点。我曾经也写过一篇师生相逢的文章——《教育到底能做些什么》（刊发于《人民教育》2011年第19期），相逢及对话场景与许多文章很相近，但我抓住了学生的一句"我们很多人上学是没有用的……"作为切入点，从本质上解释了教育在学生生命成长中应该具有的作用，从而从一个崭新的角度诠释了大家已经习以为常的基本规律，也让文章具有了其他师生相逢类文章所不具有的独特价值。

第二个关键词，有逻辑。有的老师写文章很像是"漫谈"——漫无边际地闲聊，往往是刚刚说到一件事，又毫无征兆地跳到了另一件事，让人摸不准作者的思绪。这样的文章读起来很累，也容易让人晕头转向找不到东西南北，根本无法让读者产生共鸣。写作是一个收集、加工、输出信息的整体系统，一篇好的文章应该建立以读者为中心的表达系统，也就是要有逻辑。文章逻辑建立的关键在于框架，也就是每种文体所遵循的基本规律以及呈现的基本结构，比如总分总结构、并列结构、递进结构等；文章逻辑建立的重点在于传递链条，也就是用什么方式让文章框架的各个环节建立恰当的关系，确保各个部分既相互隔离、不重合，又能够一气呵成、畅通无阻。

作为一个坚持写作的教师，在文章逻辑建构方面可以慢慢形成自己的习惯模式。我写教育叙事已经有二十多年的时间，在最初的时候,我的写作有些信马由缰,喜欢让自己的情绪带着文字走。这种状态下写出来的文章,感性有余,理性不足,读起来情感四溢,但不能带给读者思维的营养。为了追求文章的逻辑性,我开始关注文章的整体架构——为了说明某个问题,我将从哪些方面展开表达,最终形成什么样的观点。慢慢地,我形成了自己的写作风格,也就是三段式的教育叙事——故事＋反思＋主张,建构了教育叙事的基本逻辑:撰写一个故事,基于故事进行反思,在反思的基础上形成自己的理解和主张。这样的一种叙事逻辑,不仅让我的文章烙上了鲜明的个性,也确保每篇文章都做到了清晰、流畅,具有理性。

第三个关键词,有美感。我所说的美感,绝对不是那些华丽的辞藻和精美的语句。有的老师写文章喜欢妙语生花,拆开来看每一句都很唯美,组合起来却空洞无物,就像是一个衣着鲜艳的粗鄙之人。我所说的美感,既包含前面的两个关键词所要实现的效果,比如新颖的观点、鲜明的主张等,比如严谨的逻辑、通常的连接等,也包括语言表达上的新鲜。也就是说,一篇文章的美,在于价值,在于逻辑,也在于语言。价值和逻辑在前面已经说过,我们重点来谈语言的美感。

我们说,好的表达语言是美的,这个美不是外在的漂亮,也不是形容词的叠加,它可以从以下三个方面来实现:一是朴素,真正的美一般不需要大红大绿来烘托,而是通过简单、干净和纯粹来淬炼,也就是"清水出芙蓉,天然去雕饰"的境界;二是深刻,就是用最简单的文字来表达最鲜明的道理,确保每个文字都蕴含着丰富的灵魂和足够的思想;三是新颖,语言的美大都需要新颖来实现,善于将习以为常的内容用新的方式表达出来,也就是语言的陌生化。当然,陌生化的语言是文章的点缀,不可过多,过多了就会泛滥,也就失去了美感。一个善于运用语言的人,往往会在一长段朴素的语言之后,不经意地嵌入一两句只可意会的语句，从而让文章大放异彩。文学大家的文章，大都有这样的一个共性。

　　一篇好的文章，价值是灵魂，逻辑是骨骼，美感是肉体，缺了哪一样都不完整，少了哪一份都不完美，我们都应该朝着这个方向去努力。

教育叙事写作：教育实践的故事性表达

教育叙事是我职业生涯的起点，也是我能够走到今天的支点。关于教育叙事的认知和观点，我已经用两本专著做过解读。这一部分内容所要表达的，是我想要再次送给各位教师朋友的——学会用故事来表达自己的实践经验远比背诵空洞的理论更有意义。

教育叙事就是从故事中萃取经验

在我很小的时候，母亲就经常给我讲"黑瞎子掰玉米"的故事。每逢秋收，家家户户的院子里便堆满了从地里收回来的玉米。这个时候，母亲便要带着我把玉米的外皮扒掉，只留下几片薄薄的内皮当作绳子，然后把四五个玉米系在一起，搭在或竖着或横着的木棍上晾干。这是一种很无聊的农活，干着干着就容易打盹犯困。于是，母亲就给我讲故事，而"黑瞎子掰玉米"是讲得最多的一个。

我想给大家复述一遍这个故事，出于讲述的需要和感官上的优化，我给"黑瞎子"起名为"小贝"，这个故事也就改名为"黑熊小贝的故事"。故事的大意是：在遥远的东北山林里，住着笨笨的小贝。

每到夜晚，小贝都会准时跑到山林边的玉米地里，趁着月色掰已经成熟了的玉米。今年的玉米收成很好，每一个玉米都很大很饱满，小贝心里高兴，便使出浑身力气干了一晚上。当天快亮的时候，小贝回到了山林的家里。它的妈妈发现，小贝忙活了整个晚上竟然只带回来一个玉米。原来，小贝有一个坏习惯，那就是每次掰了一个玉米，就会夹在左边的胳肢窝里，再放下一个时胳膊一抬，前边那个就会掉在地上。就这样，笨笨的小贝就只把最后一个玉米带回了家。

　　小时候，每次听这个故事，我都不相信会有如此笨的黑熊，更不相信这个世界上会有这么笨的人。人至中年，经历了人生的风风雨雨，见识了各种各样的生命方式，才慢慢体悟出这个故事的寓意之深。在我们的周围，一定有很多像小贝一样的人，他们一生忙忙碌碌，生活看起来也丰富多彩，但及至晚年却发现，属于自己的东西竟然屈指可数。我们中的大多数人，在离开自己的工作岗位时，带走的往往都是人生的最后一个玉米。教师群体在这个方面更是明显。

　　我们不妨去做这样一个自我检测：你是否还记得自己踏上讲台的第一天发生过什么？如果已经忘了，那就想一想你第一次被学生或家长称赞是因为什么？如果也忘了，那就再想想自己的第一次教学失误是什么，你采取了怎样的方式进行弥补？如果你都已经记不起，那就说说你最近的一次教学尝试是什么？很多老师会说，最近的这一次我能记住。那么，再过去十年八年，你还能记得吗？如果我们每一个人都只能记得最近的一次成功、最近的一次失败、最近的一个经验，我们又与小贝有什么区别呢？

　　当然，我们也可以做这样一个追问：你是否记录过自己的成功经验或失败教训？在记录的过程中有没有对其进行提升或修正？在提升或修正的过程中有没有获得新的认知和感悟？这些认知和感悟有没有成为指导自己的教育实践的依据？有没有传递给他人？如果有，那么你可能是一个有潜在成长力的老师；如果一直这样去做，那么你就必定会成为优秀的教师。因为，一个善于把经验和教训进行精细加工，一个善于在实践中萃取成长动力的人，注定可以把生活中的一切都变成成长的营养——这是一种很强大的力量。

其实，教育叙事写作就是这样一个萃取的过程：利用故事还原教育实践，从故事中萃取我们需要的经验、营养和行动的力量。

如何从素材中选择恰当的写作主题

在北京师范大学讲课之余，我参加了"2021星空读书会京师沙龙活动"。这个沙龙活动由"河南省中原名师培育对象高级研修班"的学员组织，主要是围绕苏霍姆林斯基的《给教师的建议》开展读书交流。活动过程中，研修班学员、河北省实验中学的张定勇老师分享了一个关于"特殊学生"的故事，引起了我的兴趣。

故事内容大体如下：新班级组建之初，作为班主任的张老师便提出全班同学的座位将实行定期轮换制度，以确保每个学生都有机会坐到"好位置"。这时候，学生L提出自己必须坐在第一排的正中间位置，并且始终不能调动。经过了解，原来L患有听力障碍，距离讲台稍远就听不清楚老师的声音。面对这样一位"特殊学生"，张老师决定给予帮助——每次轮换座位都会动员轮到L位置的人自觉让位，确保L始终坐在最初的位置。时间久了，班里开始有同学对L不满。原来，L做任何事情都要求获得特殊照顾，总是喜欢拿自己的听力不好要求其他人做这做那。后来，班里一位同学将L的一些"特殊要求"在微信朋友圈公布，组织大家讨论这些要求是否应该获得满足。L的父母感觉这位同学是在欺负 L，愤然闯到学校与这位同学理论。张老师几经努力，才将愈演愈烈的事端平息下来。接下来，张老师主要讲了怎样协调 L 的"特殊性"与班级其他同学合法权益的冲突问题。

通常来说，这个故事记录完成之后，我们可以有两种写作策略：一是系统反思、全面建构，就是把整件事情完完整整地写出来之后，从不同的方向进行反思，提出完整的、系统性的主张；二是关注一点、深耕一隅，就是抓住故事中的某一个问题，进行深入的、聚焦式的思考，从而提出更具体、更有针对性的观点和主张。前者属于对故事的"宏大"加工，需要一定的写作能力来支撑，否则容易流于泛泛而谈；后者则是从具体问题入手，对于个人的思考力要求稍低，也更容易探讨出更具社会性的焦点问题，更值得普通一线教师去尝试。接下来，我重点谈谈"关注一点、深耕一隅"的问题，也就是如何从丰富的故事素材中发现、确定有价值的写作主题，并根据确定下来的主题对素材进行合理化取舍。

对于张老师的故事，我觉得至少可以从以下三个视角去做探讨：

形成对教育政策的建议。在我国，针对儿童少年的教育主要有普通中小学教育和特殊教育两类。由于特殊教育总体容量较小，还不能满足所有残疾儿童少年的入学需求，同时，部分残疾儿童少年具有接受普通教育的能力，更适合在普通学校平等地接受义务教育。为满足这部分学生的需求，教育部于 2020 年印发《关于加强残疾儿童少年义务教育阶段随班就读工作的指导意见》，提出了残疾儿童少年在普通学校随班就读的要求。于是，在普通学校中，就出现了像 L 一样的特殊学生。那么，"随班就读"这一政策的落地实施遇到了怎样的问题、有哪些需要修正补充的内容、如何才能更好地落实政策等问题就成了热点话题，值得我们去梳理、反思和表达。如果我们从这个视角确定了写作主题，在描述故事的时候就要更多地关注 L 融入班级的困难和障碍，像家长介入之类的情节就可以忽略。

形成对家庭教育的指导。从张老师的叙述中，我们可以捕捉到一个重要的信息，那就是家长面对学生之间的冲突，采取了不当的过激行为，为班级管理工作带来了麻烦和困难。在处理问题过程中家长介入的方式与方法，说明了其在家庭教育方面的偏颇与不足——L 的行为现状，或许是家庭教育影响与塑造的结果。这就为我们提供了第二个写作主题——在特殊孩子的教育问题上，家长应该怎么去做，应该如何与学校进行积极沟通和良性融合。家校关系始终是教育的难题和热点，教师借助自己的专业能力引导家庭教育，更是难点中的难点，针对这一问题的反思与建构也就更具有了现实意义和价值。当然，如果我们确定了这一主题，在组织故事素材时就要抓住家长介入学校教育时的种种不当行为，并由此去深入了解家长在家庭教育中的具体做法，从而挖掘出家庭教育的问题和缺陷。

形成特殊学生教育的独特方案。相对于班里的其他学生来说，L 无疑是个特殊学生。从实践上来看，很多教师在面对这类学生时，通常采取无原则帮助、无限制施助的做法，通过各种方式号召全班同学为其让路。其实，这种做法未必是好的，至少不是最优的选择。以 L 为例，他的听力障碍完全可以通过一些医疗辅助手段得以完善，然后像个正常孩子一样接受义务教育，但是家庭和学校长期的特殊对待让他逐渐形成了受助依赖心理，因为我的听力有障碍，你们就要无条件地迁就我、帮助我，在任何事情上都要以我为中心。如此，他的特殊不仅是听力障碍上的特殊，更是对自己的认知上的特殊，始终把自己作为一个特殊的人。那么，怎么突破这种常规的教育？我觉得，L 最需要的应该是心理上的"去特殊化"，正视自己，以正常人的心理融入社会。如此，这个写作主题就可以定义为"我们都是一样的"——接受一样的教育，走向一样的世界，拥有一样的未来。

由以上的分析来看，同一个素材故事，由于切入的视角不同也就有了不同的写作视角；反过来说，不同的写作主题也决定着故事素材的取舍，因为素材的供给是为了更好地突出主题和明确主题。

叙事写作带给教师的成长价值

从参加工作到现在，我撰写了八百多万字的教育叙事，在教育报刊上发表教育叙事类文章一千余篇，出版了教育叙事相关专著十余部，在教育叙事写作领域有了自己的实践经验和感悟。依据这二十多年的实践，我把个人的教育叙事写作分为三个阶段——问题性写作、专题性写作和研究性写作。在我看来，教育叙事写作包含两个最重要的环节：一是发现，就是如何从事件中挖掘出来问题；二是反思，就是对问题揭示的现象进行专业性思考。其对教师成长的意义主要表现在以下三个方面：

锐化发现问题的敏感。每个人其实都有两块田，白天的一块是责任田，耕种的是工作；晚上的一块是心田，耕种的是自己追逐的未来。我的写作一般都是在夜晚，大概以这样的方式展开：一是"忆"，夜深人静，一杯香茗，一盏暖灯，打开记忆的小河，静静地把一天的事情回放一遍；二是"梳"，在回忆的过程中，认真梳理、筛选有代表性、有思考价值的事件，确定写作的素材；三是"叙"，轻轻敲打键盘，用自己的语言把问题叙写出来，务求"清浅而深刻"；四是"思"，找到问题的突破口，对记录下来的问题进行反思与追问。

在这一过程中，至少可以完成三个层次的自我拷问：这样做合理吗？是否已经达到教育目的了？还有更好的做法吗？这种周密的梳理与回顾，理性的反思与追问，在一定意义上培养了我对各种教育现象的敏锐观察力。同样一件小事，他人可能会熟视无睹，我则会细细揣摩；同样一个问题，在他人看来平淡乏味，在我看来可能就会别有洞天。如此，终究会让一个人的观察力变得敏锐而锋利，视角也会越来越独特而深邃。

形成反思问题的习惯。成功的路上并不拥挤，因为坚持的人不多。在很多年前，周围有很多同事和我一起开始写作，网络上也活跃着一大批同行者。但慢慢地，能够见到的身影寥寥无几，大多数人坚持了一段时间便选择了放弃。而我在寂寞与隐忍中咬着牙坚持了一年，写作的高原期顺利度过。写作不再是需要坚持和提醒的事情，而是生活中自然而然的一部分。我也在这份坚持中，慢慢养成了自我发现、自我批判和自我修正的习惯，一旦自我反思成为习惯，成长也就变得自然而然。多年前，我们区举办了首届班主任论坛。三天的时间里，各种观点思潮异彩纷呈，时时碰触我的思维点。我的写作也变得顺畅无比，接连写了七篇教育叙事。论坛结束后，有一家杂志约我写一篇班主任专业发展方面的指导文章，需要在一天之内提供稿件。我认真回看了七篇教育叙事，借助这些零星的思考，我深刻反思了班主任专业成长这一热点问题，在短时间内便撰写出一篇专业性很强的学术论文。文章发表后，先后被多家教育媒体转发，并被"人大复印资料"全文转载。

培养自觉的教育情怀。教育写作对教师的成长价值，不在于发表了多少文章，出版了多少专著，而在于它对教师的教育实践和思想影响了多少，改变了多少。因为写作，看待问题的角度变化了；因为反思，纠结的问题得到了解决。随之而来的，肯定就是教育实践的改善和教育行为的规范,以及教育实践的专业化探索。其实,专业化是让一件工作变得具有吸引力的最好途径。当我们习惯了以专业的视角审视教育,以专业的手段实践教育时,那些我们厌倦的"麻烦事",也就变成了有意义的研究样本。就像医生能在解决疑难杂症中获得成就感一样,具有专业思维能力的老师同样会在解决教育问题的过程中获得幸福感。如此,教师的灵魂也会慢慢变得清澈而澄明。

其实,情怀的丧失,大都源于厌倦与无奈。当一个人对周围的一切都产生抗拒时,肯定无法唤醒行走的激情和热情。所以,要想让教师永葆教育情怀,最重要的就是让他们喜欢并彻底爱上写作。在写作中改善教育实践,改变教育心态,让教育成为一种不需要任何外力和利益支撑的自觉行动。

教育案例写作：教育经验的系统性表达

从教育叙事到教育案例，一线教师在教育写作行动上更加趋近理性和严谨，也为教师走上专业论文写作提供了能力基础和动力。教育案例精准和科学，教育叙事浪漫和艺术，二者都是教师成长的理想方式和手段。

教育案例研究的概念与实施

案例研究也就是个案研究，属于行动研究，即对某一具体的事件进行的"小中见大"或"由点及面"的研究。也就是说，案例研究是通过对具体实例的解剖与分析，实现从特殊到一般、从个别到群体的扩容式辨析，从而获得规律性的、整体性的、普遍性的认知。

案例研究是一种有目的的系统研究，具有比较规范的研究过程和实施路径。通常来说，教师要想进行教育案例研究，在实践过程中应注意以下几个环节：

确定要研究的问题。教育案例研究的终极目标是解决教育问题，选择怎样的教育问题进行研究是教育案例研究的第一个环节。教育问题的确定包含两个环节：一是明确研究的目的，也就是弄清楚我（研究者）要解决一个什么样的问题、达到什么样的效果、形成什么样的方案；二是选准研究的样本，就是根据研究目的去选择具有真实性、典型性的教育教学事件，从中梳理出所包含的问题。这个过程，其实就是研究对象确立的过程。能否找到合适的研究对象，与教师是否具有教育叙事的能力有很大关系。换句话说，研究问题的确定，也就是教育叙事中"讲一个故事"的过程。

  梳理要使用的资料。研究的问题确定以后，就要进入研究的筹备程序——资料搜集。这个资料收集包括两项内容，其中一项是一线资料的收集。若是研究自己的教育行动，需要回忆教育实践（事件）发生的全过程，形成翔实、具体的案例素材；若是研究他人的教育行动，则需要进入实践现场进行全面考察，通过访谈、观察、调查等方式获得关键资料。另外一项是背景资料的搜集，就是通过文献梳理发现研究对象所处的环境、研究问题存在的依据等资料，用以确定所研究问题发生的宏大历史背景。当一线资料和背景资料均收集到位以后，就要对所搜集的资料进行审核，剔除无用的、归类有用的、补充未用的，为下一步的研究提供内容上的支撑。

  分析要实施的策略。从具体的事件到某种普遍的现象解释，需要一系列分析和探究的过程，主要包括：一是弄清楚"为什么"，探究问题或现象的成因，要从主客观兼顾多维度寻找问题的症结所在；二是弄清楚"是什么"，依据相关教育理论或借助优势经验，对问题的本质进行思辨和分析，探讨问题的本质和内在的关联，透视问题中隐含的教育规律和教育哲理，形成对问题的精准定性；三是弄清楚"怎么办"，形成问题解决的基本方案，并对解决问题的策略进行科学分析。

开展要付诸的行动。教育案例研究的关键是行动，这种研究行动包含三个方面的努力：一是设计具体可行的行动方案，在行动中不断优化实施策略，对存在的关键问题进行修复和矫正，最终获得成功的经验或失败的教训；二是分析建构扎根理论，对问题解决的全过程进行系统梳理，将经验或教训转化成自己的个性化的理论；三是撰写案例研究报告，形成最终的研究成果。从行动到理论再到具体的文本成果，这是案例研究最为关键的环节。

教育案例写作的三个基本环节

我们通常所说的教育案例写作其实就是撰写案例研究报告。从理论上来说，教育案例写作并没有统一的、模式化的要求，但从案例包含的内容来说，一个相对完整的教育案例大致应该包括标题、引言、背景、问题、问题的解决、反思与讨论等。这几个要素有的是必不可少的，有的则可以根据具体案例需求进行取舍与合并。从实践上来说，教育案例的写作大致包括提出问题、解决问题和反思讨论三个环节。

提出问题。这个过程主要包括背景描述和问题呈现。所谓背景描述就是对事件发生的大致场景及时空框架进行介绍，主要包括引言和背景两部分。引言也就是开场白，用一两句话描述事件发生的大致场景，笼统地反映可能涉及的主题，告诉读者作者为什么会选择这样一个事件。比如《"汉奸"之伤》的引言就隐晦地暗示读者，这篇案例可能与班级量化管理有关。背景包括事件发生的时空特点、可能的原因等，一般可以分为间接背景与直接背景，一前一后，一略一详。在这个案例中，间接背景就是班级量化管理的盛行，直接背景则是我在实行班级量化管理中出现的一些问题和困扰。当然，这只是依据具体案例进行的描述，在具体的案例写作中肯定会有所改变和调整，这就需要作者根据需要进行选择和确认。

问题呈现就是把要研究的问题以案例的方式呈现出来。所呈现的问题通常包括一直困扰自己的个性问题、始终未获得解决的公共问题或者是有悖常规的反常问题，这些问题要求达到三个标准：一是有冲突，要值得探讨，或者能够引发探讨的可能性；二是可复制，所要解决的问题是大家普遍遇到或经常面对的，研究的成果有助于他人的"拿来主义"；三是可推广，即具有拓展性，可促使其他教育者从本事件的解决中获得灵感和启迪，能够举一反三地解决更为广泛的现实问题，扩大研究成果的应用范围。

解决问题。此环节意在呈现现场针对问题采取的具体办法或策略。现场处理问题的真实做法，未必科学，也未必正确，但是需要完整而详细地呈现给读者。在上面的案例中，我的处理其实就是失败的，或者说是"黔驴技穷"后的妥协。而这恰恰就是值得反思、讨论和论证的地方，所以我会把它真实地呈献给读者。可以说，解决办法是案例的主体部分，我们需要对其进行详尽的描述，对解决问题的过程进行清晰展现，对解决问题的过程中遇到的挫折或取得的成效也应详细交代。在这一过程中，写作者要实现对行动细节和教育成效的双重"深描"，就是要在充分描述事件整体与细节的基础上，对关键要点做出深度剖析，对存在的疑惑进行深入的探讨，对科学的结论进行整合与提炼。

反思讨论。即对问题解决状况的理性分析与一般化提炼，主要指作者针对问题进行的系统反思，以及在解决问题的过程中形成的能力。这一环节是作者对自己解决问题的心路历程进行再分析的过程，也是梳理相关经验和教训的过程，对于提高教育教学能力、提升教育智慧、形成解决问题的艺术至关重要。写作的内容大致可以从三个方面进行：一是问题解决中值得借鉴的地方是什么，哪些地方还需要改进，存在什么问题；二是在以后的教育教学中如何进一步解决新问题；三是在问题解决中有哪些体会或启示，形成了怎样的策略或方案。在上个案例中，我通过分析与反思，揭示出"汉奸"问题的症结在于量化管理的非人文特征，并系统梳理出班级量化管理的"四大弊端"，进而提出了优化和改进量化管理的三个策略，从而完成了一篇教育案例的写作。

常见教育案例的写作范例

下面，以《为什么她总是在考试前生病——对一个学生问题的心理学分析》为例，简单呈现一篇教育案例的基本结构和常规形式。

为什么她总是在考试前生病
——对一个学生问题的心理学分析

【提出问题】

小枚是个高中女生，性格开朗活泼，很受老师和同学们喜欢。但是，她却经常生病，每次生病的状态就是头晕恶心难受。父母带她去医院检查，也查不出具体的病因。医生给出的建议是让孩子多休息，适当调节高中生活，加强体育锻炼。每学期的几次生病，已经明显影响到她的学习，这让她的父母和老师都很焦虑，甚至产生了让她休学重读的想法。偶然的机会，我听她的家长聊起此事，便问了一句：她每次生病的时间是不是都在考试之前？她的家长认真想了想，恍然大悟般地回应：你别说，还真是这样，每次月考前她都会生病，考试结束病也就慢慢好了。然后，家长满怀期待地问：这是什么原因呢？

【解决问题】

策略一：合理归因，帮助孩子阻断自我妨碍行为。

首先，我们要弄清楚自我妨碍与归因之间的区别与联系，并了解一些关于归因的基本常识。自我妨碍是在事件结果未呈现之前，给可能会到来的失败提前安排借口，提前为不利结果做有利于自己的铺垫。归因是在事件结果出来以后，当事者对这种结果所做的解释。美国心理学家韦纳（B. Weiner）把归因分为三种类型：内归因，是指个体将行为结果归因于个人特征，如人格、品质、动机、态度、情绪、心境以及努力程度等；外归因，是指个体将行为结果归因于外部条件，如背景、机遇、他人影响、任务难度等；综合归因，是指个体将行为结果进行归因时，考虑内因和外因两种因素，进行综合评估。

比如说，A同学在参加班干部竞选演讲之前，感觉自己可能会输给另一个同学，便一味地言说"竞选有内幕，我只是来做炮灰"之类的话，这便是自我妨碍；B同学在全力参加完竞选演讲之后，没有如愿得到心仪的岗位，从而把自己失败的原因归于"竞选有内幕，我只是来做炮灰"，这就属于归因，并且是一种外归因。如此，自我妨碍与外归因有着共同之处，都是选择了有利于自我的归因策略。只不过，一个在结果之前预设原因，一个在结果之后寻找原因。无论是自我妨碍还是外归因，都容易导致当事者形成推卸责任的习惯，从而失去自我反思、自我纠正、再次努力的机会，都是一种不可取的行为方式。

其次，我们要引导孩子学会合理归因，找到解决问题的根本和源头。一个人在对自己的成败进行归因时，若成功倾向于内归因，若失败则倾向于外归因。比如，学生在考试时取得了好成绩，容易把原因归于自我的勤奋、个人的高智商等内部原因；在考试成绩不理想时，容易把原因归于任课教师讲课质量不高、考试时受到打扰等外部原因。而在对他人进行归因时则恰恰相反，喜欢把他人的成功归于外因，把他人的失败归于内因。以上做法虽不正确，但大家几乎习以为常，很多人都会下意识地沿袭上面的归因"法则"。因此，恰当使用综合归因，找到最真实、最精准的归因方式，才是引导孩子真正走出误区、走向成长的必由之路。如此，当父母或老师发现孩子存在自我妨碍行为时，应当及时采取阻断措施，引导孩子学会合理归因。

还是以小枚为例，父母和老师就她的第一次月考失败进行交流时，在承认本次成绩不佳有生病的因素存在的同时，还应该进一步引导小枚反思有没有内因在起作用，比如学习方法、对自我的认知等等。而在第二次月考出现问题时，父母和家长要能够敏锐地觉察出其自我妨碍的端倪，使用有效的合理归因切断小枚自设的"退路"，然后再给出必要的鼓励和指导。这一步至关重要。如此，就不会一再出现自我妨碍行为，导致小枚从偶发的情境性自我妨碍，发展成为特质性自我妨碍，为她的人生带来不必要的伤害。通常来说，合理归因应该遵循以下几个原则：不主观臆断，客观分析成败的原因；不一味埋怨外部环境，先从自己内部找原因；不过多归因于不可改变的因素，尽量找自己可以改变的原因。唯有如此，才可以激发自己的责任感，发现自我改变和提升的路径与可能。

策略二：改变认知，帮助孩子摆脱自我妨碍心理。

其一，关注过程，避免对测量性结果的过分强调。有的家长或老师经常会说，某某同学平时表现很好，只是在关键时候容易"掉链子"。这些学生在遇到需要评价、测量的实践活动（比如考试），或者是需要努力且结果很难预测的事件时,他们都会出现相应的自我妨碍行为。比如,一些学生会在考试前表现出不愿意学习的强烈反应,上课睡觉、经常迟到,甚至故意不交作业……这些现象的出现,有时只是他们在为即将到来的考试失败进行提前解释:我没有考出好成绩,是因为我没有用心学习,而不是因为我能力差。对于特别重视结果的人来说,"我不愿意去学习"要远比"我没有学习能力"更"有面子"。

那么,如何对待这样的问题?有的老师或家长可能会把此类学生列为学习动力不足群体,从而采取一些鼓励性措施,告诉他们——你很聪明,只要认真学习,一定会考出好成绩。这一做法至少存在两个问题:一是更加强化了结果的重要性,让他们自我妨碍的决心更加坚定,从而更加"不务正业";二是帮助他们强化了他们需要的效果,意思是"连老师(家长)都承认我只是不愿意学"而已,如果愿意学习一定比你们强。在这样的认知之下,他们会更加拒绝学习。因为一旦自己从此认真学习,结果考试成绩还是不理想,岂不是正好证明了自己能力不足吗?基于以上分析,面对容易"掉链子"的同学,应该关注他们的学习过程,对他们的学习过程进行监督和评价。比如,你今天的语文作业写得太认真了,你刚才的发言让我眼前一亮……通过对"当下"的即时性评价,让他们在获得足够动力的同时,慢慢忽略后面稍远一点的考试等测量性评价结果。也许,这是改变的开始。

其二,正视优缺点,建立基于自我评价的支持系统。一个人采取自我妨碍行为的原因,一般会与过于重视外在评价有关。在大多数时候,学生会关注外在评价,特别是他人对自己能力的评价。为了保护自我形象,他们大都会想方设法消减他人对自己能力的关注,并极力将关注的焦点从能力转移到其他不可控的因素上。所以解决问题的关键，还是需要从改变评价认知开始，尽可能引导学生从过度关注外在评价，转向对内建构基于自我评价的支持系统。恰当的自我评价，首先从正视自己的优缺点开始，能够坦然面对个人的不足，也可以淡然看待自己的长处，从而建立良好的自我识别、自我评价、自我赏识的支持系统。

通常来说，一场没有"观众"的比赛带给人的压力会小很多。比如说，同样是一场期末考试，如果考试成绩会被排名并公布于众，其带来的压迫感、紧张感就容易驱动学生启用自我妨碍模式；如果最后的成绩被密存，每个人只知道自己的位次和状况，那么学生就容易从内心接受自己的不足，也更加容易树立奋起直追的信念。这个例子，就很好地说明了外在评价的不足——在带给部分人激励和奖赏的同时，也会拉低部分人的信念和勇气。所以，对于父母和老师来说，一方面应该尽可能避免给孩子带来过于强烈或频繁的外在评价，另一方面要帮助孩子学会内在的自我评价。简单地说，就是多与自己比一比，与自己的昨天比一比。一个合格的父母或家长，一般会在考试结束后积极组织学生进行自我评价，既努力发现自己的优点，也不回避自己的不足。久而久之，孩子就可以在心里筑起一套完整的自我界定、自我激励的心理机制，从而形成主动迎接外在评价的能力。

简单地说，一个有着明晰自我定位的人，从来不会被外在所左右，更不会被外力所击垮。而这一切，都需要教师和家长的刻意指导和引领。

【反思讨论】

小枚的行为可能是一种自我妨碍。自我妨碍又称自我设阻，Berglas和Jones是最早对自我妨碍进行研究的心理学家。20世纪70年代，他们把自我妨碍定义为：在表现情境中，个体为了回避或降低因不佳表现所带来的负面影响,而采取的任何能够增大将失败原因外化机会的行动和选择。简单地说,当一个人预测到可能出现坏结局时,会千方百计找到一个更有利于保持自我形象的外部障碍,从而掩盖导致坏结局的真实原因。比如,有小学生在考试过程中,会故意破坏手中的笔,然后慌乱地找上一阵子,而不再答题。考试成绩自然就不理想,而分数不高的原因,就会被归结到考试准备不充分。很显然,考试准备不足——笔坏了,要远比不会做题这个原因更让人"有面子"。

小枚的表现就很有代表性。在与她的老师沟通后,我基本上掌握了她的大致情况。找了一个恰当的时机,我与她进行了一次长谈。最终,小枚说出了自己的"心里话"。原来,小枚在升入这所重点高中后,面对高手云集的同学,内心感到很不安,总是担心自己的考试成绩不理想。当第一次月考快要进行时,她的焦虑感倍增。月考的第一天,她恰好得了流感,头昏沉沉的,无法坚持考试。月考成绩出来后,成绩不理想,她向老师和家长解释说流感影响了她的发挥,下一次一定可以考好。父母和老师都表示理解,也坚信小枚的实际能力要远高于这次的成绩。当下一次月考来临时,她的焦虑不安再次加重,甚至出现了失眠现象。当家长发现她的状态不好后,她顺势谎称自己身体不舒服,头晕恶心。于是,不理想的成绩再次得到了所有人的理解。就这样,通过撒谎来逃避考试失利的尴尬,慢慢成了一种习惯。

自我妨碍对一个人的成长会有怎样的影响呢?这需要看自我妨碍的性质。Rhodewalt 将自我妨碍行为分为两类:一是情境性自我妨碍,二是特质性自我妨碍。

情境性自我妨碍是一种偶发性的行为,具有很强的偶然性。通常来说,人在遇到威胁或压力时,可能会应激性地采取自我"解脱"手段,这就是情境性自我妨碍。比如,一个人去参加很重要的面试前,可能会不断向周围人表示"身体不舒服",一旦面试不理想就可以归因于不舒服的身体;一个学生参加重要的考试前,可能会故意表现出上课睡觉、四处闲逛等行为,一旦考试成绩不理想就可以归因于"没好好准备",而不是自己能力不足。这种情境性的自我妨碍,一般不会造成严重的后果,并且还可能会带来一些"有益"的结果——缓解特定情境下的过度压力、消解不利局面真正到来时的负面情绪。所以,情境性自我妨碍具有部分疗愈功能——为失败找到了自我解脱的理由。但是,必须要明确的是,情境性自我妨碍本质上是在为自己的成长设置障碍,容易使人在做事情时不全力以赴,其危害要远远大于刚才谈到的"有益"。

特质性自我妨碍类似于人格特质,是一种不良的行为模式。换句话说,当自我妨碍成为一种习惯或生活方式,细致地刻印到一个人的骨子里,就成为一种对生命极不负责任、对成长极为不利的消极行为。这种自我妨碍模式,通常由情境性自我妨碍连续实施而来。就像前面提到的小枚,第一次的真实生病让她发现了一个"窍门":当我病了,考试失利就不再是我能力不足的表现,而是值得周围人谅解甚至同情的事情。如此,就有了第一次的撒谎行为,也就是情境性的自我妨碍。如果只有这一次情境性自我妨碍,并不会对小枚的生活和学习造成不利影响。而问题恰恰是,她一次次连续使用情境性自我妨碍,以致成了一种习惯性做法,具有了特质性自我妨碍的特征,问题就开始变得严重起来。

教育论文写作：教育成果的逻辑性表达

我问过无数老教师这样一个问题：从事教育工作几十年，你最大的收获是什么？他们的回答各不相同：学生过年过节的问候，他们没有忘了老师；不十分富足但相对安逸的生活，社会没有忘了老师……而问题的关键是，我们是不是忘了自己？忘了为师者要为教育留下自己的经验？留下可以去借鉴的成果？

教育论文写作中的常见问题描述

在中小学教师群体中，教育论文写作一直属于"少有人走的路"，能够自觉主动撰写教育论文的教师只占极少数。但是，因为职称评审、荣誉评选等需要提交发表的论文，很多教师不得不走上"论文发表"的道路，也就出现了林林总总的问题。下面，我对几种常见的问题进行描述。

思想上的不端正。因为种种需要，教师必须要有几篇在报刊上发表的论文，从而导致了部分教师"为论文而论文"。在历次组织的各种评选中，教师上交的论文或多或少都会存在一些问题，至于假论文和查重不合格论文更是屡见不鲜。自己不愿意写，或者写不出来，在一些利益争取上又必须有论文作为条件，有的教师便走上了抄袭论文或购买论文的道路。究其原因，是教师对论文写作和发表的认知存在问题。在有些教师看来，一提起来要写论文，第一反应便是搜集一些相关文章进行拼凑和复制，也就是我们所说的"文抄公"行为。还有一些教师，就连复制粘贴都不愿意亲自动手，干脆用钱来解决所有问题，于是出现了教师出钱、中介赚钱、第三方写论文的运作方式，这是比"文抄公"更为恶劣的学术不端行为。

从实践来看，教师提供的不合格论文主要存在以下问题：

一是假论文，这个"假论文"是指论文的发表行为存在虚假，主要表现在论文发表在一些假报刊上，尤其以假杂志居多。这些假杂志又分为两种，一种是凭空捏造出来的，另一种是仿造的正规杂志。二是论文查重不过关，有些论文的重复率达到了50%以上，属于典型的抄袭行为。无论是假论文还是查重不过关论文，大都与教师的思想认识有关——从根子上，他们就没打算认真撰写论文，而是选择了走捷径的违规方式。这种思想上的不端正，不仅关乎教师能力的提升，更关乎师德和人品，是需要我们坚决打击和主动拒绝的。

行动上的不专业。论文写作是一项很专业的研究行动，但在实践中却大量存在不专业的写作行为，主要表现在以下几个方面：一是写作目标上的不专业，中小学教师的论文写作必须是基于实践、源于实践的经验梳理，而不是假大空理论的生硬编造；二是写作定力上的不专业，有些教师习惯于跟风式写作，当下流行什么，不管自己在这一领域是否有实践和研究，立刻就会"随风而动"去行动；三是写作思路不清晰，在写作之前没有深入的思考、没有必要的逻辑架构、没有系统的梳理建构，从而导致所写的论文缺乏严谨性和逻辑性；四是为写作而写作，本来没有经验可梳理、成果可提炼，但逼着自己走向"为赋新词强说愁"的尴尬境地。

我曾经做过一些学术杂志的兼职编辑，也编辑过区域内部交流学术刊物，在教师论文撰写这一问题上有所思考和观察。我以与一位教师的交流过程为例，具体谈谈一线教师在教育成果梳理方面存在的问题。前些年，有一位老师拿来他写的一篇论文让我提提意见，题目是《班级自主管理的理论和实践探析》。看完文章后，我告诉他这个选题过于宽泛，容易"水过地皮湿"，并给出了几点建议：一是题目中有"理论"二字，但文章中均为实践做法，题目与内容不一致，需要对题目进行精准修订；二是全篇对班级管理中的"自主"行动面面俱到，凸显不出重点，其中的一些常规做法淹没了精致行动，建议抓住自己做得最好的一项行动去写；三是要关注个人实践的一般化处理，就是要形成可借鉴、可复制的优化策略。后来，他抓住了班级管理中的班级议事制度作为写作主题，系统梳理了自己在推进班级议事行动中的实践经验，写出了一篇高质量的论文《班级议事制度的实践探索》。

内容上的不创新。从理论上来说，一篇论文质量的高低在于创新的程度；从实践上来说，一篇论文能否发表在于是否存在创新点。所以，创新一直是教育论文写作追求的理想境界。但是，纵观中小学教师的教育论文，依然存在着一些问题，比较普遍的有：旧事旧说，有些论文呈现的都是老面孔、旧说辞，所阐述的内容已经被人研究透彻并有了终结性的结论，展示不了新实践、形成不了新结论，所写的论文自然也就味同嚼蜡，毫无新意可言；新事仿写，有的论文选择的主题具有时代感，但是观点主张均为他人的复制品，仅是对他人的说法做了一些浅显的"换言之"，虽然看起来没有抄袭他人文章，但从根本上讲是挪用了他人的思想主张，属于比较隐蔽的抄袭行为。

这些内容上的不创新，看起来是写作者的水平局限所致，实则是"拿来主义"在作怪。也就是说，这些论文并非作者所做、所为、所思、所研，而是挪用、借鉴、修改他人成果的结果。倘若真的是作者独立实践与思考的成果，绝对不可能会有大面积的重复，至少会有一部分独到的经验做法。德国哲学家莱布尼茨说过："世上没有两片完全相同的树叶。"那么，作为独立的个体就更不会有完全相同的思想，而论文写作的意义就在于，把自己那片独特的树叶表达给这个世界，让所有人看到独一无二的、属于作者个人的行动和思想。

教育论文写作中的关键问题分析

教育论文写作虽然没有拿来就可以用的模板，但不乏一些可以让论文质量得到提升的关键做法。通常来说，一篇成功的教育论文，必然有其独到的地方，或取材独特，或论证缜密，或观点另辟蹊径。下面，我结合自己撰写过的一些论文，简单谈谈几个增值做法。

其一，新。这里的"新"主要指内容的新，可以从多个角度来实现，比如新的主题、新的观点、新的做法、新的经验等。要想让自己的论文有令人耳目一新的感觉，那就要做到两点：一是写自己的事，说自己的话。中小学教师最熟悉的就是自己的教育实践，最能够做到的就是开展行动研究，所以在撰写教育论文时最好能够直面自我实践，去发现自己教育实践中的优点与缺点，然后用自己的语言表达出来。二是写得新，必须先做得新。教师工作容易沦为重复性劳动，每天要面对的无非是备课、上课、批改作业、管理学生……教师要想写好教育论文，就要在这些常规工作中有新实践、新探索、新行动，切不可生编硬造自己未曾尝试、未经实践的假经验和空理论。

自 2016 年开始，我撰写了一系列关于"叙事型主题班会"的论文，其中多篇文章在核心期刊发表。如果总结一下这些文章受编辑青睐的原因，大概是我对自己的独特实践进行了精心梳理和提炼。叙事型主题班会的本质就是用故事来设计班会课，这是我长时间独自探索、孤独实践而来的自我经验，其核心价值就在于将"故事元素"与当下的班会课进行融合，通过故事来软化班会课的教育痕迹、优化班会课的教育效果，从而实现了"无痕德育"的终极目标——润物细无声。这种创新的教育实践成为论文撰写的素材之后，注定了论文的高立意和高创新，论文被广泛关注也就是自然而然水到渠成的事。

其二，小。这里的"小"是指选题的切口要小，从小的切入点入手，进行深耕细挖，发现大视野、大现象和大结论。一些中小学教师，在撰写论文时不喜欢从身边小事中去发现问题，而是喜欢宏大的理论建构，动辄"模式建构""理论阐释"，最终因为脱离真实的教育生活而沦为空谈。以小见大、因小见深，这应该是中小学教师撰写论文的主导思路。宋代诗人曾公亮有一句诗，"开窗放入大江来"，讲的就是打开一扇小小的窗户，能够收获浩瀚无比的美丽"深景"，我觉得这也是论文撰写需要达到的境界。

我曾经写过一篇《教师要有启动"第二次呼吸"的能力》的文章，从一位找不到进取心的老师说起，提出教师普遍存在的职业倦怠问题，实现了问题提出的"以小见大"——从个人困惑到群体职业现象。在解决这个问题时，我使用了启动"第二次呼吸"的策略，利用这个微观层面的心理理念来解决宏观层面的职业倦怠，同样是遵循了小切口、大行动的撰写原则。这样的文章会给人以愿意读、能读懂的感受，文章的主要观点和做法极易被读者接受，从而成为一篇很受读者欢迎的好文章。

其三，逆。这里的"逆"主要是指逆向思维，就是在人云亦云中去关注"杳无人迹"的领域。在基础教育领域存在着一种运动式教学思潮：比如，当"先学后教"成为热点时，人们就会一窝蜂地去研究导学策略，"导学案"就成了最时髦的研究方向；比如，当自主管理理念引领班级管理时，就鲜有人会再去为管理常规、奖惩策略等"落后"的东西花费时间和精力……其实，任何一种理念都有其侧重的点，不可能适用于所有的问题。"先学后教"并不影响你去研究如何强化训练，自主管理也不影响班主任实施自身管理权力。如果在大家都聚焦于某一个方向时，站在相反的方向去观察、瞭望、审视"热潮"，也不失为一种逆向的思维、创新的思维。

2018年第5期的《人民教育》刊发了我的文章《学校德育可以大有作为》。这篇文章的写作背景是：时任《人民教育》编辑的冀晓萍老师给我留言，说她在编辑稿件时发现很多人在吐槽、抱怨学校德育的现状，认为学校德育患了"软骨病"，成为"说起来重要，忙起来不要"的鸡肋。她想让我谈谈对学校德育的观点和看法，有没有好的建议或建设性的行动策略。于是，我认真分析了当下学校德育的现状，得出了"学校德育的'软骨病'可以治"的观点，并提出了"家庭和学校是一起奔跑的同行者""与社会联动，形成目标一致的大德育体系"的行动策略，在众说纷纭中亮出了自己的逆向观点。

教育论文写作的基本路径示例

论文写作有着可循的基本路径，下面我就以我的论文《真实故事视域下的班级晨会设计策略》（刊发于《教学与管理》，2019年第5

期)为例,谈谈论文写作的主要环节与程序。

【环节一】简要呈现问题、困惑或缘由

班级晨会是班级德育的重要阵地之一,是班主任和任课教师对学生进行日常教育影响的主要渠道。近年来,班级晨会越来越走向枯燥乏味,多以班主任总结前一天班级情况、点评班级不良现象为主。这种批评式空洞说教,很难唤起学生的情感共鸣,德育效果极其低下。为此,笔者尝试开发了叙事型班级晨会,通过对常规晨会的故事化改造提高德育效益,取得了较为明显的成效。

【环节二】表述问题论证的不同方面

1. 发现故事,确定晨会素材

叙事型班级晨会是指借助班级中发生的真实事件,通过对班级事件的故事化设计来揭示教育道理、提示教育要求、形成教育效果的德育实践活动。很明显,寻找到有效的班级事件是设计开发叙事型班级晨会的基础。在长期的教育实践中,我逐渐摸索出了通过望、闻、问、切发现班级事件的基本方法。

望,班主任要善于观察。班主任是一天之中与学生接触时间最长的老师,有机会发现发生在学生之间的大事小情。所以,班主任要做一个有心人,善于从琐碎的班级生活中寻找具有可塑性的小事件,以便在设计班级晨会时作为素材使用。闻,班主任要善于倾听。一个优秀的班主任,必定是一个好的倾听者。班主任要学会倾听,在学生的声音里感受、接收有价值的信息,准确地定位出班级的新问题和新矛盾,以利于有针对性地设计晨会。问,班主任要善于交流。良好的沟通能力是班主任的基本功,很多隐蔽的、不易被挖掘的班级事件,需要班主任积极与学生进行互动交流,在对话与商讨中走进学生的内心世界。这样挖掘出来的晨会素材,更接近学生,更接近事实。切,班主任要善于为班级把脉。一个班主任如果只是走在学生后面，做一些"亡羊补牢"的救场之举，充其量只是一个善于收拾烂摊子的"事后诸葛亮"。而班主任能够准确把握班级走向，在问题出现之初或之前就敏锐地捕捉到，并通过预设性的设计把问题揭示在萌芽之中，才是班级晨会的最高境界。

通常来说，班主任能够发现的事件都比较简单，往往只是事情的结果或者最为重要的片段。所以，在确定了可以用来召开晨会的事件之后，如何把一个简单的事件演绎成值得讲述的故事，就成为一个很重要的环节。这个环节可以分为两步：一是拽点成线，拉长事件发生的时间跨度，凸显故事的完整性；二是深挖冲突，寻找事件中隐含的冲突点，彰显故事的教育性。比如，班主任在发现"教室窗户的玻璃被小C打碎"这一事件后，首先要做的就是了解事件发生的背景，即小C在什么状态下打碎了玻璃，打碎玻璃后小C是怎么处理的，事情的结果如何。接下来，班主任就要挖掘其中隐含的冲突点：敞着的窗户占据了走廊的一半空间，小C是在急匆匆赶往教室上课时不小心撞到了窗户，那么小C在这一事件中有没有错？如何来界定这一事件的性质呢？由此，一节班级晨会的素材就从班级真实事件中被提炼出来。

2. 讲述故事，呈现问题情境

由于班级晨会的时间较短，在呈现故事情境时就需要精心雕琢，尽量选择迅捷、准确和高效的叙事策略。在具体实践中，经常使用的方法有以下三种：

还原性讲述。基于真实事件的班级晨会使用的素材都是真人真事，对于那些不涉及学生隐私、不会对当事者造成不良影响的事件，通常可以进行还原性陈述。比如，上课前的小预备铃响了，班主任发现讲桌上凌乱地堆满了数学作业本,数学科代表不得不一本本地慢慢整理,再联想到科代表在发作业本时往往会把作业本隔空扔给同学,造成教室里嘈杂混乱的状况,班主任就可以即时生成故事情境:刚才,我看到……通过这件事,我们能否就作业本的收发问题进行一下讨论呢?这种方法的优点是及时、简单,不需要烦琐的筹备工作,很适合于对突发事件的开发与使用。同时,这种方法也对班主任的观察力、思维力和口头表达能力提出了较高的要求,需要班主任具备一定的逻辑能力和快速的反应能力。

创作性表演。倘若班级中发生了一桩负面事件,直接进行陈述可能会对当事者造成压力,这时就可以对所选事件进行创造性加工,以作品的形式再现问题情境。比如,班里的一个同学偷拿家里的钱请同学聚餐,被父母发现后与父母发生了冲突。父母觉得未经父母同意擅自使用家里的钱,属于偷盗行为,应该向父母道歉并做出保证;这个同学认为自己是家庭成员之一,消费家庭的共有财产是自己的权利,父母根本就是小题大做。在了解到这一事件后,班主任可以组织班级里具有一定表演能力的学生,根据这件事情创作一个简短的情景剧,在晨会课上进行表演,从而实现对晨会素材的再呈现。这种方法需要耗费一定的时间和精力,班主任和学生需要在晨会前做一定的工作和努力。但是,其优点也显而易见:一是形式新颖,可以吸引学生积极参与晨会;二是针对性强,经过艺术加工的作品肯定比原事件更具教育性;三是附加价值大,除了可以保护学生隐私和自尊,组织表演创作还可以促进学生的全面发展。

技术性再现。现代通信技术和信息手段极为先进,一部小小的手机就可以实现多维度的技术性功能。班主任应该养成随手拍摄、随时记录的习惯,把一些事件的现场用手机进行拍摄,利用班级的多媒体教学设备进行再现。比如，放学路上，班主任偶然发现班级里几个学生在帮助一个老年人推三轮车，斜斜的上坡路、白发的老人、破旧的三轮车、载满的旧家具和撅着屁股使劲推车的学生，构成了一幅动人的画面。班主任可以将此画面拍下来，在班级晨会上来个"图说班级"，也可以直接录制成微电影在晨会上进行播放。现代技术手段的融入，可以让班级晨会更生动。

3. 评价故事，达成道德共识

在班级晨会上呈现故事，其目的是实现预设的道德教育。在故事呈现之后，就要对所呈现的故事进行分析与评价，这是叙事型晨会的关键一环。在具体实践中，一般可以分为以下两个环节，以实现学生道德教育的知行合一。

由事及理，提高学生的道德认知。故事是班级晨会的起点，但不应该是班级晨会的终点。也就是说，我们呈现故事不是为了消遣和把玩，而是要让学生在理解与评析故事的基础上，实现个体道德认知的深化和思想意识的发展。所以，在对呈现的故事进行评析时，绝对不能仅仅满足于对故事本身的感知，而是要在点评故事之后进行一系列追问：这件事情告诉了我们什么？你从中学到了什么？得到了什么样的启示？这样的追问有助于学生将故事转化成道理，在感知、理解故事的同时逐渐提升思想道德认识，将解读故事的过程变成道德认知形成的过程。

由此及彼，指导学生的道德实践。在学生有了对故事的基本认知以后，班主任应该引导学生形成问题解决的公共方案，帮助学生从认知走向行动。比如，班级里有学生在公交车上借手机给陌生人用，手机却被陌生人抢走。在这一事件的解读过程中，学生的认知呈现了三个阶段：愤怒，拒绝再借手机给陌生人用；思考，并非所有的陌生人都是骗子；策略，不把手机交给陌生人，可以选择帮助陌生人拨打手机。由此，学生就形成了较为理智的道德认知：作为中华民族的一员，帮助别人是义不容辞的责任；作为未成年人，要学会聪明智慧地帮助别人。在此基础上，班主任还要善于由此及彼地设计问题情境，让学生触类旁通地进行有效的道德实践。比如，有人骑自行车摔倒了，你该怎么做？有陌生人问路，你可以怎么做？等等。

【环节三】归纳提炼简洁清晰的结论

事实上，学生道德情感与道德意志的形成是一个循序渐进的过程，需要班主任对班级晨会的设计有结构性的规划。这就需要班主任摆脱遇到问题才去解决问题的滞后教育状态，在选择事件、科学建构、形成系列等方面进行科学规划，实现由守株待兔到主动建构的班级晨会实践模式。

教育主题报告：教育行动的外显性表达

我做过十几年的班主任，曾在各种教师培训活动中做过两百余场主题讲座，现在负责临沂兰山区的师训工作。被培训者、培训者和培训管理者这三重身份，让我对教师培训这个问题多了一些思考。下面，我分享一下《做有故事的教育》这个主题讲座的设计过程，并以此为例谈谈教师如何设计一个主题报告。

教育主题讲座的基本类型概述

2020年，我接到了一个国家级培训班主任项目的培训任务，为一个骨干班主任高级研修班做三个小时的讲座。接受任务后，我开始从经常讲的主题中筛选，希望能够找到一个与本次培训相契合的成熟讲座。这样做，不仅省时省力，也会因为对所讲授的内容熟悉而更能确保培训效果。大概，这是所有培训者在接到任务后的第一反应，也是惯常的做法。

经过梳理，我发现自己曾经做过的与班主任工作相关的讲座大概有三类：一是典型经验传授类，诸如怎样做好班级管理，怎样撰写班级叙事，等等，虽然内容各不相同，但都侧重于经验与方法的直接传递和示范，属于典型的就技术论技术；二是实践艺术展示类，诸如叙事型主题班会的设计策略，问题学生的艺术化教育，等等，关注在班级管理某一领域或元素上的策略梳理或特色提炼，相比经验的直接传递更多了些体系上的建构，兼具部分理论上的探索，属于基本理论与实践策略的"三七"融合（三分理论，七分实践）；三是基本理论解释类，诸如叙事教育的理论建构与实践策略，班主任专业发展的基本原理，班级文化的重建与再构，等等，开始专注于个人德育理念的建构与确认，讲座的内容结构逐渐倾向于"七三"融合（七分理论，三分实践）。这三个类别，在当时都获得了被培训者的认可，并且评价也比较高，但现在看起来似乎都欠缺了一些"灵气"，少了一些更能打动人的元素。

在细想之后我忽然明白，这三类讲座恰恰也是自己成长的三个过程。

典型经验传授类的讲座，大都是在 2005 年以后开始设计。当时，我在班级管理岗位上已经耕耘了近十年，积攒了比较丰富的班级管理和班主任成长经验。特别是在班级教育叙事写作方面，我不仅坚持得持久，每天一篇的写作量也着实让很多人感到不可思议。再加上几乎每周一篇文章发表的"奇迹"，我在叙事写作领域渐渐积攒了不少的经验和成绩。从那个时候开始，我接受邀请开展主题讲座，主要是以教育叙事写作为主，内容侧重于写作的技术和方法，融入部分关于写作的意义和价值的内容——当然都是自身实践而来的感悟。偶尔，也会有学校邀请去讲班级管理的经验，所涉及的内容也都是具体的实操性问题。这种把实践策略直接从教室搬到会议室的讲座，虽然不是很高大上，但因为接地气等原因，颇受青年教师的喜欢和追捧。

实践艺术展示类的讲座，开始于 2010 年以后，源于一项省规划课题的研究。那时候，我申请了省规划课题《故事型主题班会课的开发策略研究》，开始潜心研究故事元素与主题班会课的融合机制。顺理成章，那个时期的讲座主题也就从叙事写作转向了故事型主题班会的开发，并逐渐向家长会、晨会、国旗下讲话等德育阵地拓展。慢慢地，我的讲座主题开始集中指向"利用故事改造班级德育"，相继开发整合出与"故事德育"有关的系列讲座，"故事德育"成为那段时期的核心主题。特别是在主持学校德育工作以后，故事与德育的研究日渐成为我的主攻课题，同时成功申请了第二项省规划课题《中小学"叙事德育"的模式研究》。由此，"叙事德育"逐渐成为我的主要实践领域，而且我围绕这一理念持续进行了系统实践，获得了大量特色经验和品牌价值。后来，我把这一时期的主题讲座进行了整合与提升，梳理出了"利用故事改造班级德育"的六大路径。

基本理论解释类的讲座，大概始于 2016 年后，始于我的第三项省规划课题《叙事教育的理论建构与实践策略研究》。此时，我已经专职做教育研究达五年之久，基本具备了开展基础教育研究的理论水平和科研素养。随着个人在故事研究领域的逐渐深入，我的讲座主题也开始越来越多地涉及理论和理念，内容上也更加倾向于理念的系统解读和实践的高位概括，话语方式与逻辑表达也开始有了转向。当然，这一时期讲座的受众，也主要是骨干教师和具有一定实践经验的教师群体。所以，从总体上来说，讲座内容与讲座受众的契合度相对还是比较高的，可以为大多数被培训者所接受。但，实事求是地讲，一线教师还是更愿意听"接地气"的讲座，两相比较，这种并不是很接地气的讲座受欢迎度已经大为下降。似乎，我的讲座与一线教师之间开始有了距离。

以受众为中心的讲座设计策略

在对前期的讲座进行梳理以后，我发现这些讲座无一例外都是基于自己不同成长阶段的典型成果——在这一时期，我正在研究什么、在关注什么，我就讲什么；在另一个时期，我做出了什么样的特色成果、获得了什么样的经验收获，我就讲什么。也就是说，整个讲座的设计完全是以我为中心，从来就没有考虑过被培训者的需求，更谈不上对受众的研判和尊重。这样的讲座基本上是以主讲者的"晒"为主，晒经验、晒荣光、晒成功，很难真正走进被培训者的内心。

任何改变都需要一个契机。因为重视这次"国培"任务，我对讲座的设计更加慎重和严谨，最终的讲座效果也实现了预期目标。现在回过头来看，这场讲座的准备工作大致做到了以下三点：

全面思考，寻找方向。培训者准备一场讲座，就像厨师准备一桌宴席，在正式开始做饭之前必须准备好必要的食材。我在准备这场讲座时，先问了自己这么三个问题：这场培训面对的是什么样的教师群体？他们想从培训中获得什么？我可以给他们带来什么？第一个问题比较好回答，从培训管理方提供的资料中就可以发现，这些被培训者都是各省市推荐出来的骨干班主任，他们在班主任工作方面具有成熟的实践经验，实操能力和实战经验都很丰富，大都属于当地小有名气的名师。第二个问题则很难直接找到答案，因为被培训者与培训者在培训开始前很难建立交流联系，无法直接问询他们的需求。为了解决这个问题，我借助网络联系了与这些被培训者水平层次相当的班主任，以问卷调查的形式取得了他们的"内心世界"，用这些同类样本来判断被培训者的需求，以此来获得整场培训需要关注的核心内容。

第三个问题则需要先完成类似本文第一部分的内容，在梳理个人知识、经验、能力储备的基础上，去发现个人成长经验与被培训者需求之间的契合点。而这个契合点，通常就是一场讲座的出发点和策划方向。

　　建立逻辑，确认内容。问卷调查的结果显示，班主任们普遍面临发展瓶颈期问题。在经历多年的摸爬滚打后，他们的实践经验基本成熟，足以满足班主任工作的需要，绝大多数人因此出现了吃老本的现象，年年岁岁沿袭老一套的方法和策略，经验性重复、模式化实践成了常态，个人成长进入了徘徊期和停滞期。很多被调查者在问卷末尾留言说，感觉自己已经多年停在原地不动；还有被调查者坦言，自己似乎在倒退——时代在发展，不进就是后退。经过综合研判，这个层次的班主任需要的是"二次成长"的动力和引领，他们需要知道自己应该如何突破专业成长的瓶颈，怎样在已有成功的基础上形成自己的教育特色和品牌。于是，我借助前面对个人讲座内容的梳理，发现了需求与供应之间的契合点，那就是通过我在故事研究道路上的阶段性递进，分享一个人如何在一个点上坚持实践和研究。

　　依据这个思路，我把个人教育实践和研究中与故事有关的内容进行了汇总。看着自己零零散散开展的故事实践与故事研究，我在内心进行了这样一个追问：这些内容哪些必须要讲？哪些可以不讲？需要讲的内容以怎样的逻辑方式呈现出来，被培训者才容易接受？我的观点全都符合逻辑、经得住推敲吗？再次对这些内容进行反复研读和揣摩，最终，我确定了"写故事、用故事、研故事"这一主线，从叙事写作、叙事育人和叙事教育三个板块设计讲座内容，借此来分享个人在故事元素与教育实践深度融合领域的持续研究，尽力直观呈现我是如何从一个成长阶段进入另一个成长阶段，如何在故事研究的道路上真正做到坚决、坚持和坚守，如何在无人监督、无外力要求和无功利性回报的事情上持续自觉用力，如何在看似孤单无助的事情上获得额外成功，等等。在整个讲座的设计上，我基本遵循了这样一个逻辑：叙事写作促进自我反思与实践优化——叙事育人优化班级管理与品牌锻造——叙事教育成就学生的道德成长与教师的理念建构。

借助故事，优化方法。逻辑的建立与内容的确认，只能算是完成了一项工程的主题架构。用什么样的方法将这些内容分享给被培训者，怎样在不知不觉中对被培训者施加教育影响，也是一场讲座能否成功的关键。在这一方面，我依然沿袭了自己一贯的做法，那就是用故事传递道理、讲授方法，把自己想要表达的内容巧妙地用故事包装起来，用讲故事替代生硬的知识灌输和理念倾注。比如，在讲座的起始环节，我想表达一个人成功的最佳范式这样的"大道理"，便设计了《奚奴温酒》这个故事作为整场讲座的导入，借助故事揭示了"一事精致便能动人"的深刻道理。事实证明，很多老师在听完讲座之后，普遍对"奚奴温酒"的故事很感兴趣，对其表达的人生道理更是雕刻进精神的最深处。

借助这样一个开场，讲座获得了超乎想象的关注，在接下来的内容设计上，所有的关键环节也都是借助故事来表达。在"叙事写作"环节，我讲解的每一个话题均以自己撰写的教育叙事为例，边讲写作边解读故事中蕴含的教育理解。在分享叙事之于教师成长的意义时，我使用的则是"叙事者"团队成员的真实成长故事，一个个身边人的励志典型，让讲座内容与教育生活实现了无缝衔接，极大地增强了讲座的生动性与教育性。在后面的叙事育人，乃至叙事教育的理念分享中，我也是大量使用故事来说明问题，实现了用"故事法"分享"故事教育"的目的。

优秀教师培训者的基本素养

《做有故事的教育》这场讲座，历时三个小时，全程没有休息，也没有一位教师中途离开，受到了培训组织者和被培训者的高度称赞，被评为当年度优秀课例。根据这场讲座的基本结构，我出版了同名著作《做有故事的教育》，同样受到了读者的欢迎。据此，我觉得一个好的培训者，必须做到以下两点：

一是懂得拒绝，愿意舍弃。韩愈说，术业有专攻。回到"奚奴温酒"的故事，能够做到"一事精致"便是了不起的成功，一个人不可能在各个领域都达到极致。所以，作为培训者，在接到一项培训任务时，要与培训组织方进行细致沟通，了解对方的目标和要求，看看是不是自己擅长的研究领域，能不能提供一场精品讲座。如果能，则积极承担并认真准备；如果不能，就要善意拒绝，并说明原因。但现实情况是，有很多人不管三七二十一，先把任务拿到手再说，临近培训活动开始，便拿出自己的"万能讲座"，以不变应万变地完成培训任务。这样的行为，从小处说是"急功近利"，从大处说是对他人的成长不负责任。这些年来，常常会有人邀请我做家庭教育方面的讲座，也会有人邀请我做学科教研方面的培训，每当此时，我都会坦然表明这不是我的研究方向，并会主动推荐一些在此领域有所建树的朋友。这样一来，既不会驳了邀请者的面子，也实实在在地为他们提供了好的培训资源。我以为，这是比较正确的处理方法，也是有所舍的必要担当。

二是关注被培训者的需求。教师培训工作，应该树立"像关注学生一样关注教师"的基本理念，遵循"以教师为本、按需施培"的基本策略，注重培训前的调研工作，有针对性地设计培训内容，等等，已成为共识。但是，在实际培训活动中，讲座内容的设计往往决定于培训实施者，处于主体地位的被培训者只能被动受训——人家给什么就吃什么，人家灌输什么就得接受什么，这是当下教师培训效果不佳的重要原因。在教学研究上，有人将一节课"讲遍天下"，无论面对什么群体，无论哪个层级的教研示范，拿出手的永远是那节一成不变的"好课"。

同样，在教师培训上，也出现了一场讲座具有"无限功能"的现象，有的专家一辈子只讲一个话题，无论是新教师培训还是骨干教师研修，其所讲的内容一字不差，培训的目标性和指向性根本无从实现。所以，作为一个优秀的培训者，在接受培训任务后，必须要像给学生上课一样先行备课——备"学生"（被培训者）、备"教材"（讲座的内容）、备"教法"（用什么方式分享内容），如此才有可能给被培训者提供一场精神与成长的大餐。

概括起来说，一个合格的教师培训者就是一个发光者，而正心与修身则是让自己永葆光芒的最好柴火，也是每个人都应该孜孜以求的目标和境界。

第五章

教师专业研究的实施与突围

  皮亚杰的"发问"：为什么这样庞大的一支教师队伍，如此专心致志地在全世界工作着，而且一般说来，都是具有胜任能力的，但工作一生却成不了杰出的教育工作者，不能使教育变成一门科学而又生动的学问？

  苏霍姆林斯基的"回答"：如果你想让教师的劳动能够给教师带来乐趣，使天天上课不至于变成一种单调乏味的义务，那你就应当引导每一位教师走上从事教育科研这条幸福的道路。

认知：如何理解教育研究

中小学教师从走向研究的那一刻起，就不再是一个凭借经验应对教育生活的普通教师，而是能够依靠理性与科学探索教育奥秘的创造者。让更多的普通教师成为研究者和创造者，是教育最美好的理想和梦想，也是一条艰难而漫长的道路。在踏入这条道路之前，我们有必要去了解教育研究的一些核心内容和关键元素。

教育研究的三个关键词

研究，字面意思是：教育者主动寻求根本性原因与更高可靠性依据，从而为提高教育质量而开展的工作。这里面包含了几个比较重要的词语，比如主动、根本、提高等。从字面意思来理解，教育研究应该是教育研究者的主动行为，方式是寻求教育的本质或依据，目的是提高教育实践的品质。如果要用一些关键词来描述教育研究，我觉得至少应该包括以下三个关键词：

一是寻变性批判。批判是一切研究的开始。我们为什么会一条道走到黑？为什么重复了很久的做法得不到改善？为什么一辈子都没有独到的见解和发现？因为我们缺少了怀疑的意识和能力，没有形成必要的批判性思维。亚里士多德时代，人们普遍相信重的物体比轻的物体先落地，而伽利略从比萨斜塔上同时扔下两个不同重量的铁球，这两个铁球同时落地，从而证明了物体下落的速度与它的质量无关，因此伽利略的实验证实了人们以前的想法是错的。假如伽利略也像众人一样盲目相信当时流行的观点，不去怀疑、验证和研究，他就不可能推翻亚里士多德的观点。所以，怀疑和批判是人们寻求自我改变的工具，是通过对惯有的思想和观念进行审验和评估、校正和更新，以优化人们的认知系统，从而形成更好的选择和判断，并由此开创新认知、形成新观点。历史上，但凡能够突破常规认识，能够发现新理论的人，大都具有强烈的怀疑和批判意识。

　　二是获得性解释。合格的教育研究者，喜欢探究教育行为与实践的深层次原因，并在探究中形成对事件的新认知、新理解和新解释。其实，教育研究就是从浅表的、粗糙的、松散的实践中获得深刻的、精致的、系统的认知，在认知的基础上形成科学的、有效的合理化解释，从而揭示本质、赋予支持、建构理论。举个例子，小组合作作为一种流行的教育与学习模式被广泛推广，几乎所有地区和学校都在以行政的方式推进小组合作学习，小组合作一度成为教师公开课的"必选动作"。但事实上，很多教师对小组合作并不完全认可，从而出现了几种不同的行为方式：一是认为小组合作形式大于内容、热闹大于实效，从而采取坚决否定的排斥做法，拒绝在课堂上使用小组合作模式；二是承认小组合作在使用过程中存在着种种问题，能够将发现的问题进行分类，并分别去探索问题解决的方案，促使小组合作学习策略得以优化。前者是单纯的行动者，后者是纯粹的研究者。其实，研究并非我们想象中那么高深莫测，它不过是对问题的追踪与设计、探究与解释，仅此而已。

三是有效性立场。教育研究的问题来源于一线教育实践，问题解决依托的是问题产生的教育背景，以及教师在教育教学中长期积累的实践性经验或智慧。那么，问题能否解决，解决的效果如何，也应当放到具体的教育教学中加以验证。当下，一线教师，特别是中小学一线教师从事教育研究存在诸多问题，存在着为研究而研究、为功利而研究的现象。从中小学一线教师立项的课题来看，大多数课题并非来自真实的教育实践，课题立项申请材料也非个人思考的结果，而是来自网络信息的启发和裁剪。有的教师在申请课题立项之前，并不是静下心来梳理自己的教育行动，而是在网络上海量查询现成的课题申报材料，一旦某份材料让自己有了"感觉"，就开始对其进行复制粘贴、加工修改，使之变成自己的课题材料。如此的课题来源既虚又空，问题是假问题，研究是假研究，结果自然也就是假成果。这样的无效研究，在中小学教育研究中广泛存在，已经成为基础教育科研的"癌症"，逼着教育研究在中小学领域逐渐被边缘化和矮化。

批判是教育研究发生的基础和可能，一味地接受和躺平永远走不上研究的立场；通过解释获得认知是教育研究的基本路径，多问为什么、多想怎么办是教育研究者最重要的利器和法宝；研究真问题、进行真研究是教育研究的关键，也是研究者的风骨与品质。

中小学教育研究的主要特点

教育研究是教育科学研究的简称，其基本行动包括总结新的经验、发现新的情况、探索新的教育规律、研究新的教育现象等。具体到中小学教育研究来说，主要有以下几个特点：

特点一，丰富的实践性。中小学教育研究具有自己的特点，从选题、研究和成果等各个方面都与高校的教育研究有着很大的区别，可以概括为问题即课题、行动即研究、成长即成果。先说问题即课题，对于中小学教师来说，实践是最丰富的职业内容，他们在实践中遇到的问题就应该是要研究的课题，比如问题学生的教育、班级管理的困惑以及自身成长的专业化等；再说行动即研究，中小学教师的教育研究要在教育实践活动中进行，真正的教育活动有着科研的性质和特征，是教师自觉运用新的教育理论开展创造性探索活动的过程，教育研究与教育实践两张皮的现象是我们应该杜绝的；至于成长即成果的说法，意在强调教师在研究过程中因不断进行思考和创新，不断寻找有效解决办法和策略，从而促进了自身教育观念的转变、专业能力的提升和教育水平的提高，这也是教师从事教育研究的目的所在。

特点二，深刻的创造性。教育研究不是简单的经验总结，更不是常规意义上的工作梳理，其成果必须具备新颖性、独特性和价值性。具体来说，就是能够发现新问题，提出新观点，提供新材料，探索新方法，形成新理论。对于中小学教师来说，形成新理论属于比较高的成果要求，所以中小学的教育研究一般满足前面四项创新即可。一项教育研究的创造性，可以从问题、方法和效果三个方面表现出来。从研究的问题来说，可以是别人未曾研究的、具有一定理论价值和实际意义的问题；也可以是别人已经研究过，但此次采取了新的观察、论证角度，在某一方面能够弥补前人研究的不足的问题。从研究的方法来说，要想取得新的研究成果，就需要采取新的研究方法，寻找新的研究路径。从研究成效来看，一定要体现对教育教学的引领，就是必须要促进教育教学的变革与更新。

特点三，注定的未来性。中小学教育研究的主要对象是人，研究涉及的因素较多，且教育研究多在自然状态下进行，从而导致可控性不足，这就需要教育研究者具备一定的奉献意识，能够坚守教育研究的枯燥与艰辛。同时，中小学教育研究成果的显现及在实践中应用需要一个过程，是一个长期的、漫长的、持续发挥作用的过程。而且，由于教育研究的周期较长，教育效果的呈现往往具有滞后性，同样需要教育研究者具备"前人栽树后人乘凉"的情怀与胸襟。总之，教育研究是朝向未来的、非功利的活动，需要教育者具备充足的未来意识。

中小学教育研究的基本环节

中小学教师从事教育研究一般应该具备以下几个基本环节：课题的确定、研究方法的选择、课题研究的设计与实施、研究成果的表述与评价。

第一个环节，课题的确定。这一环节是课题研究的第一步，主要包括提出问题和确定问题，主要回答研究什么，研究的方向和范围是什么，研究的主题是什么。一个好的课题必须具备以下几个特征：一是必须是真问题，要有现实针对性；二是要有价值，包括理论价值和实践价值；三是要明确，大小要适度，涉及的因素不能太多；四是要具有可行性，要考虑是否具有解决问题的条件，以及解决问题的时机是否成熟；等等。特别需要注意的是，必须做到"有理""有据"。"有理"是指课题要在教育科学的某个理论体系中加以研究和处理，使所选的课题有坚实的理论基础；"有据"是指课题研究要以一定的经验事实为依据，要有客观的现实基础，比如数据、案例或基于现实的思考等。总起来说，课题应该是教育领域客观存在的问题，是在当前有价值的、有待探索的、能基本解决的问题，可以概括为真实、有用、科学、可行。

第二个环节，研究方法的选择。比较常见的教育研究主要有经验研究和理论研究，其中经验研究是中小学教育研究的主要方法，它又可以分为量性研究和质性研究，而质性研究是最具平民特质和互动属性的研究，是最适合中小学教师的研究。在质性研究中，常用的研究方法包括文献研究法、访谈法、问卷调查法、教育观察法和行动研究法等，其中又以行动研究法的使用最为广泛。可以说，一线教师的研究百分之九十以上属于行动研究。一个完整的行动研究包括问题、计划、行动、反思四个环节。问题，即研究者在具体工作中发现一个问题并思考其原因；计划，即设想一个解决的办法并提出初步实施计划；行动，即在教育教学中实施这个办法并观察其状态变化；反思，即评估行动实施的效果并反思解决问题的方法。这四个基本环节不断循环，每一次循环都会有所改进提高，直至最终解决所要研究的问题。

第三个环节，课题研究的设计与实施。在确定了研究的课题和研究的方法以后，接下来就要对整个研究进行设计，也就是要制订研究计划，形成研究方案。研究计划一般包括总体设想和若干个具体的行动方案，是解决该研究问题的知识、方法、技术和各种条件的综合。研究方案通常以解决实际问题为前提，在过程中生成、在动态中拟定、在研究中更新，是研究计划进入实施阶段的具体措施，重点内容包括研究者依据哪些理论，使用哪些研究方法，采取哪些有效措施，提供哪些保障，以利于研究行动顺利开展。在研究实施过程中，研究者要借用观察、访谈、设想、日志、案例、个案、测量、评估等实证研究手段，对行动过程、结果、背景以及行动者进行观察、监控和记录，并能够对研究工作进行持续不断的系统反思，对行动研究的过程和结果做出评价和判断，以便确定下一步行动计划是否需要修正以及如何修订，并进一步形成新的研究方案。

第四个环节，研究成果的表述与展示。课题的研究成果包括阶段性成果和终结性成果。阶段性成果是指在一个阶段的教育行动与实践完成之后，研究者凭借理论思维进行概括，形成自己的理论和体系，并通过教育叙事、教育日志、教育案例、教学课例、教育反思等形式进行表述；终结性成果是在课题研究的全过程结束之后，就整个研究过程进行梳理、总结、提炼，形成的课题研究总报告。一般来说，课题研究总报告有着固定的格式要求，要符合课题管理部门制定的呈现规范，研究者应该按照要求进行撰写。

常识：关于教师专业研究的再反思

教师不做研究、不会做研究、不愿意做研究，已经成为制约教师专业成长的关键瓶颈。一些地方的教育政策贬低甚至废除科研成果的现实，也在很大程度上助推了教师不做研究的现象产生。但是如果教育缺失了研究，从小处说容易让教师丢失职业幸福，从大处说会损伤基础教育的生态和未来。我想，中小学教师还是要走向教育研究，这一点毫无疑问。

教师需要怎样的教育研究

现在的教育研究面临着两难的境地：一方面，随着教育改革的深入，教师的困惑越来越多，教育面临的困境越来越凸显，教育研究理应大有可为；另一方面，教师的理论水平较之实践能力，相对薄弱，教师工作压力越来越大，对教育研究没有"原发性"的兴趣和动力，大多是为了切身利益才"不得不"去做"研究"。很多教研部门为此做过很多的努力，但是效果并不明显，无法从根本上解决实际问题。在我看来，要想改变这种局面，首先要厘清一个意识和理念上的问题,那就是:我们需要怎样的教育研究?

  首先,我们需要低姿态的教育研究。虽然我们更愿意把教师定位为教育研究者和实践者的结合体,但事实上,绝大多数教师还是实践能力大于研究能力。一线教师所关心的,大都还是如何解决具体的、必须要直接面对的现实问题。比如,两个学生闹了矛盾,怎样处理才是最佳方案?某个学生经常扰乱上课秩序,怎样才能让他"安静"下来?某个男生不愿意做卫生值日,应该怎样和他沟通……诸如此类看起来"鸡毛蒜皮",实则最急需解决的问题。一线教师"研究"这类问题,既不需要写一篇结构严谨的教育论文,也不需要立项结题进行课题研究,大多是在办公室里一人提起、众人参与,七嘴八舌就把问题给解决了。有时候,甚至是老师的一个牢骚,也可以引发一场"办公室研究活动"。这样的"研究",虽不规范,却是最实用、最有效、最容易被教师接受的方式,是一种自发的、原生态的研究活动。

  再看我们现在的教育研究,往往把精力和目光放在了课题研究上。看起来高端宏大,实则把很多教师排斥在研究之外。专业研究的严谨、精细和枯燥,本身就很容易让教师望而却步。再加上研究的问题往往比较宽泛,离一线教师比较远,并不是教师非解决不可的问题,这就更让教师抱有放一放、缓一缓的想法。既可以解决,也可以不解决,大多数人自然就会选择后者。所以,教育研究要想真正走进教师,就必须放低姿态,无论研究的内容还是形式,都需要让教师看得见、摸得着、做得起。

  其次,我们需要有梯次的教育研究。现在的教育研究,很像一件奢侈品,特别是高级别的课题,不仅稀缺,而且难以普及。对于层次和发展方向迥异的众多教师来说,有的会喜欢"阳春白雪",有的可能就独爱"下里巴人",只有把教育研究做成一个有梯次的体系,才有可能让教师各取所需，教育研究也才具有针对性。

　　教育研究的梯次，可以从三个方面来表述：一是研究内容。在研究的问题取向上，我们既要有教育理论的科学构建，也要有具体问题的深入探究；既要有对前瞻性问题的眺望，也要有对既有经验的总结提升。二是研究形式。我们既需要结构严谨、表达理性的论文，也需要充满人文、启人深思的叙事研究；既需要组织庞大、严格规范的规划课题，也需要小巧灵动、着眼实际的草根课题。三是研究主体。教育研究的研究主体可以划分为普通教师、有科研意识的教师、科研型教师和专门的研究人员，为他们量身定制不同类型的研究，是促进他们进一步提高研究能力和研究积极性的最佳选择。我以为，教育研究的梯次大致可以按照这样一个层次来实现：100%教师可以做的研究——以对具体事件反思为主的教育叙事研究；80%教师可以做的研究——以论文、案例撰写为主的经验提升；50%教师可以做的研究——以解决现实问题为主的小课题研究；20%教师可以做的研究——以各级规划课题为主的重点课题研究。

　　再次，我们需要有激励的教育研究。现在的教育研究评价仍局限于官方认定。论文评选要看是哪级机构组织，得了哪个奖次；课题评奖要看是哪级规划，还要分出个一二三来。这样的评价机制，一方面只有少数人才有机会受到权威认定，绝大多数人只能是望洋兴叹，这就必然会让教师的研究积极性受挫，还会助长不把心思放在如何搞好研究，而是热衷于走门子、跑关系的不良风气。另一方面，让教育研究活动越来越趋向行政化，研究机构不再是安静的学术研究团队，而成了管理和评价的权威部门。课题成了部分人手中的"官印"，论文评奖权成了部分人抬高身份的手段。

　　要解决这个问题，我们就要逐步引导教师学会自我认可，借助群体组织和非官方评价来达到教育研究推动教师成长的目的。以教育叙事撰写为例，一个教师撰写的叙事文章，如果在某一个层次得到了交流，比如自己的教育博客、学校的网站论坛、各种教师QQ群以及各大教育网站，那么就会有其他教师留言评价，这种草根的鼓励虽然微弱，但也是一种激励力量；如果在某一级教育报刊发表了，得到了读者的认可，就会是一种更大的鼓励。长此以往，教师就会在他人的鼓励中获得自我认可，这种自我认可比权威认定作用更长久。我曾经在很多讲座中和老师们开玩笑说，让那5％的人去追求权威吧，我们去寻找自己！我是想告诉老师们，自我认可是100％的人可以做到的，而权威认定只有少数人才能得到，我们为什么要舍多而取少呢？

教育研究是教育的必需，教师成长是所有教师的愿望，这两者之间并没有不可调和的矛盾。问题的症结在于，我们没有给教师适合的教育研究，教师没有找到适合自己的研究之路。

以研究为教师的成长赋能

近几年，随着职称评审等对科研成果的要求越来越宽松，部分中小学教师感觉做科研已经无"近期利益"可图。再加上本就对科研有较强的畏惧心理，一线教师中选择主动远离科研的人越来越多，将教育科研自觉排除在个人成长规划之外的人也越来越多。这种自觉选择的非科研认知，已经成为阻碍中小学教师走上专业发展道路的绊脚石。从这个角度来说，教师迫切需要建立一种关于科研的自我需要，从成长的视角来看待科研，而非纯粹地出于功利性需要。那么，从成长的角度来说，教育科研是怎样促进教师成长的呢？

研究是突破实践桎梏的有效手段。通常来说，学习、借鉴可以解决一些具体的小问题，比如针对某个学生的某次错误，可以通过请教他人获得解决方法。可是，如果想要解决某些现象级的大问题，想要突破教育实践中长期存在的桎梏，简单的学习、借鉴就远远不够了。事实上，每一个人在教育领域经过长时间的实践之后，都会遇到职业发展的瓶颈，遇到难以解决的问题和困惑，这个时候怎么办？有的人选择了绕道而行，有的人选择了视而不见，但也有人决定采取有效的手段去解决。这个手段是什么？是研究。研究是一种有意识的、集中精力的成长方式，完全可以成为突破教育瓶颈的关键手段。用个比喻来说，研究就像快捷的冲击钻，可以在短时间内集中最优势的力量突破大问题和大障碍。所以，当一名老师的自然成长累积到一定程度以后，就特别需要教育研究的介入，赋予其继续成长的力量和勇气。

做一线教师时，我曾在很长时间内痴迷于故事与主题班会的融合，探索利用故事来设计主题班会。我设计了一节又一节以故事为主要元素的班会课，受到了学生的欢迎，教育效果要明显好于常规班会课。有一次，某地教育局组织班主任培训，想让我讲一讲这种班会课的设计策略。我把自己设计过的班会课重新翻出来，却根本不知道如何向别人介绍经验和成果——我只是在做，却不知道在做什么，更不能清晰地总结出方法、路径和意义。那一次的培训很尴尬，仓促应对、苍白陈述，倒是让我下决心开始系统地对自己的实践进行研究。基于此，我申请了规划课题《中小学叙事型主题班会的设计与实施研究》，利用一个研究周期完成了"叙事型主题班会"的研究，实现了由实践到经验再到成果的跨越。

研究是保持教育情怀的自我激励。一般来说，教师在刚入职时最有激情。随着时间的流逝和琐碎的重复，大多数教师的教育激情会慢慢消退，最终成为一个缺少进取心和拼搏精神，得过且过，容易原谅自己、放过自己的人。教师一旦进入这样的精神状态，就很难再有进取和创新，也不可能获得令人满意的成长和成功。因此，教师群体需要一种力量来激励自己前进，确保自己获得源源不竭的动能。当下，最通用、最普遍的教师激励政策就是对在教育实践中做出成绩的教师进行表彰奖励。这种奖励不仅可以让教师获得即时的被认同感，更可以使其在职称评审等具体利益上得到支持，所以被看成最有效、最直接的动力支持系统。但是，这种激励政策存在着先天不足，那就是无法让每一个人都得到激励，也不可能让激励永葆活力。少部分人获奖，大多数人落空，激励了少数人的同时也就打击了大多数人。

那么，怎么办？用研究帮助教师走向自我激励。其实，教育的幸福除了在被他人认可中获得，也可以通过自我认可来满足。比如，通过一系列的研究行动，破解了教育界长期存在但无人可解的问题，即使没有表彰奖励，我们是不是也可以获得满足感、自豪感？苏霍姆林斯基说："如果你想让教师的劳动能够给教师带来乐趣，使天天上课不至于成为单调乏味的任务，那你就应当引导每一位教师走上从事研究这条幸福的道路上来。"研究的幸福感来自哪里？就来源于解决问题、突破难题的那种成就感。这种成就感不像荣誉证书那样限量，每一个人都可以随时随地获得，既不存在名额分配的不公，也不存在人际关系的繁杂，凭借自己的努力一直做下去，总会获得认可和成功。所以，研究在某种程度上是教师成长的助力泵，可以不断给教师以信心和勇气。

为教师的成长赋能，是教育管理者的责任和担当；为自己的成长赋能，是每一个人的觉醒和觉悟。作为教师，可以尽力去争取外在的评价与鼓励，但也不要放弃自己对自己的奖赏和赋能。毕竟在大多数时候，外来的鼓励属于稀缺资源，只有源自内心的、翻越困难和障碍的那种幸福感，才是我们可以掌控的，能够持续给予我们力量。

中小学教师如何做教育研究

有一位老师告诉我，他很羡慕那些会搞研究的教师，自己也愿意试着去做一些研究。可是，每当真的静下心来打算去研究一些问题时，却又感觉无从下手，不知道应该怎样去确定需要研究的问题，更不知道研究的具体方法。最后，他问我能不能提供一些切实可行的、一线教师可以做的研究。我在对自己的长期研究行为进行简单回顾后，总结了以下三个研究类型：

对成熟的做法进行梳理提炼。在与老师们座谈时，每当提及教学论文写作的话题，总会有老师觉得自己没有这个能力，认为写论文是专家名师的事情。这个时候，我一般会问他们这样一个问题：做了这么多年老师，你有没有在某一个教学细节上做得比较满意？毫无悬念，几乎所有的老师都能列举出自己最拿手的一些做法，然后滔滔不绝地讲述这些做法带来的"巨大成果"。是的，一个人在长期的教育生活中总会有一些比较成熟的做法，如果我们能够把这些做法进行提炼升华，就可以形成自己的教学成果。

具体来说，这个梳理提炼的过程大概要经过以下三个步骤：一是我的具体做法是什么？就是把个人比较松散的实践进行归纳，总结成简洁而又条理、清晰而又具可操作性的"模板"，以便让他人通过阅读文字就能够知道怎样去实践。二是我的做法有什么样的理论依据？可以这么说，成功的经验做法一定能够找到相关的理论支持，从疲于实践到寻找理论支持的过程，即一个老师从经验走向理论的过程，这是一个很重要的转折，可以说意味着教师成长方式的转型。三是在这一理论指导下,我的教育实践可以获得怎样的进一步发展?我们寻找理论依据并不仅是为了证明个人实践的正确性,更重要的是通过理论提升教育实践,让教育实践在理论的指导下变得更加系统、科学和高效。

对失败的教训进行归因修正。有一句话说,失败是成功之母。这句看起来已经有些过时的名言,在教师成长的过程中依然具有效力。人难免会失败,问题的关键是如何对待工作中的失误甚至错误——是"背着牛头不认账""无理辩三分"式的拒不反思,还是心平气和地承认不足,积极对失败进行合理归因从而寻找到解决问题的最佳方案?这两种对待失败的方式,从某种意义上决定了一个老师可以在教育道路上走多远,可以在教育事业上取得多大的成就。大多数时候,教师都是在遗憾中获得成功的,当然这需要研究作为背景。

从失败走向成功,大概要经过以下三个关键环节:

一是对问题的陈述和概括,就是把导致自己失败的问题找出来,进行背景描述和关键环节记录,从而把一个失败的案例完整呈现出来。二是对问题进行归因,找到自己的教育实践与问题后果之间的联系,从而发现问题背后的真正原因,为问题的彻底解决确定方向。三是形成较为合理的修正方案或策略。发现问题背后的原因为问题解决提供了可能性,在这之后就要通过一定的研究方法寻求最佳解决方案,进入积极的自我改进状态。可以说,问题解决的过程就是教育研究的过程,问题解决的方案也就是由失败获得的教育研究成果。由此来看,从失败到成功,中间最需要的就是教育研究。

对存在的困惑进行解释突破。教师在实践中总免不了会遇到搞不清楚的问题。这些困惑就像是一把双刃剑,处理得好会成为教师成长的梯子,处理得不好则可能成为教师专业发展的障碍。比如说,当一个教师遇到一个比较纠结却又不容易解决的问题时，如果他能够通过某种方式搞清楚了，问题得以解决了，那么他收获的不仅是处理此类问题的方法，还有他进一步积极进取的激情和信心。相反地，这个问题得不到解决，他就会因焦虑不安而失去内心的平衡，然后就会遇到下一个问题。如此循环，他积压的困惑越来越多，就有可能慢慢走向倦怠和颓废。所以，及时化解教育生活中的困惑是教师走向专业成长的重要路径。

一个疑难问题或教育困惑的解决，需要教师具备一定的研究意识和研究能力。首先要做的就是对困惑的复述或表达，这既是对问题进行理性思考的过程，也是重新确认问题的过程。对一个教师来说，能够清晰而又准确地表达自己的困惑，本身就是问题解决的良好开端。其次就是能够充分解释困惑。任何一个问题之所以成为困惑，就是因为当事者不能用自己的已有实践来解释当下的问题，这就要求教师必须换一个路径来探寻原因。也就是说，教师不仅能凭自己的教育教学经验来解释问题，还要能够借助教育原理和科学数据等来分析问题，从而获得比较理性的、科学的解释。最后就是要找到解决困惑的路径，这就需要借助科研的力量，通过多种科研方法和路径开展综合研究，从而获得较为理想的研究成果。

事实上，教育研究本就不需要故作深沉地高大上，一线教师做研究更需要接地气。基于自己的实践、经验、教训和困惑，开展有效的微研究、小研究、真研究，在具体的研究过程中因喜欢而全身心投入，因豁然开朗而获得能力和动力，这才是教师走上研究之路的最佳形态，也是必由之路。

专业：走近教育科学规划课题

从理论上说，课题研究是加速教育科学发展的助推器，是提高教育教学质量的实验器，是培养中小学教师研究素质的孵化器。从现实实践来看，中小学教师的教育研究现状并不乐观，甚至到了令人担忧和愤懑的境地。让课题研究走向基层、走向中小学教师，带着课题走向问题、走向实践，是这个时代的责任和使命。

关于课题的界定与识别

在教育实践中，我们经常会听到"问题即课题""课题即项目"之类的说法，听起来似乎都有一定的道理，以至于让我们对课题造成误解或偏解。很多教师做了多年课题研究依然搞不清楚"课题"，不知道如何来界定其内涵。其实，我们可以从以下三个方面对其进行辨析与澄清：

课题与问题的关系。"问题即课题"，这是我们最常听到的一种声音，甚至一些专家也会在专业讲座中如此表述。其实，课题与问题之间的关系比较密切。可以说，问题是课题的基础，课题包含着问题。

没有问题就不会有课题的存在，没有课题问题也就无法得以彻底解决。

倘若非要探究两者之间的关系，以下的表述更接近科学：

一、课题源于问题。课题的提出或者产生一定源于问题，课题与问题并不能直接画等号。可以这么说，问题是课题的背景，课题是对需要研究的问题进行提炼、概括、考证后形成的。例如，小学生课后作业负担重是一个较为普遍的现实问题，由此，我们可以提炼出"如何减轻小学生课后作业负担"这个具体的教育问题。基于这个具体的问题，在经过一系列事实确认、可能路径预设、可行性分析等思考后，可以设立一个课题——小学生课后作业管理的实践研究。

二、课题解决问题。课题设立的目的是解决、验证或回答教育教学中的重大事项，并且有着不同的方式。一般来说，有待解决的问题主要采用行动研究法，有待验证的问题主要采用实验法，有待回答的问题主要采用调查法。比如前面提到的"小学生课后作业管理的实践研究"，就包含着一个需要解决的问题，即"如何做好小学生课后作业的管理"，经过以行动研究为主的系统研究后，通常需要回答"小学生课后作业管理的策略与路径是什么"，从而解决切实的教育问题。

课题与项目的关系。在进行教育研究时，我们经常会遇到"项目"和"课题"的不同说法，甚至有人把二者混为一谈。其实，二者之间属于包含与被包含的关系，即项目里包含课题，课题属于项目的组成部分。只不过，这种包含与被包含并不是简单地"堆在一起"，而是一种有机的建构。项目通常包含若干个彼此之间密切相关的课题，这些课题构成一个系统的课题群，共同指向项目所要解决的"宏大"问题。在课题群内，每个课题又单独解决自身指向的"分支"问题。要想对这种关系描述得更加明晰，可以从项目的双向形成路径来说明，一般来说，课题群有两种建构方式：一是先确定项目，然后对项目的研究内容进行细化，一项研究内容一个课题；二是项目实施单位将已有的、有共同指向的系列课题进行梳理建构，形成一个更加明确、更加宽泛的研究问题，设立一个项目。

课题与教育研究的关系。教育研究是指人们运用科学方法探求教育的本质属性和规律，并取得科学结论的活动。而中小学教育研究是教育研究的特定领域，是中小学教师运用科学的方法，有目的、有计划地对中小学教育领域的现象和实践进行系统探索，揭示教育现象的本质和客观规律的认识活动。在我国，中小学教育研究承担着沟通教育理论与教育实践的作用：一方面，通过教育研究行动将已有教育理论运用到教育实践之中；另一方面，将教师教育实践中形成的经验建构成新的教育理论。教育研究的方式和手段有很多，而课题研究是其中最为重要的形式。也就是说，课题研究是教育研究的一种实现策略，是实现教育研究的具体方式。

课题研究的基本环节和路径

在中小学领域，课题的种类繁多，除了教育科学规划课题（以下简称"规划课题"）以外，各教育行政主管部门、学会和研究组织也各自有自己的课题项目。我们重点以规划课题为例，来谈谈课题研究的基本环节和路径。目前，规划课题主要有四级，分别是全国教育科学规划课题、省教育科学规划课题、市教育科学规划课题和县（区）教育科学规划课题，虽然各级规划课题在基本要求上略有不同，但大体上可以分为选题、论证、立项、实施、结题等关键环节。下面，就其中的部分环节进行解释。

确定选题。选题是课题研究的起点,是课题研究的关键一环。选题是否科学,决定了课题研究的成果是否丰富。这个环节主要包含两个过程:一是发现要研究的问题,从教育教学实践中寻找、明确值得研究的现实问题,作为确定选题的关键背景;二是将要研究的问题转变成课题,就是完成从问题到课题的转换,也就是要确定"为什么""怎么样"的问题,确定课题研究的题目。爱因斯坦曾经说过:"提出一个问题往往比解决一个问题更重要。"这就点明了选择研究问题的重要性,所以在选择研究问题时必须要遵循一些基本的原则。比如,要立足教育教学实践,问题切口大小要适中,要有一定的创新性,等等。同时,在确定好选题以后,如何将问题描述为课题,也就是确定课题的题目也很重要,需要进行认真推敲和良好的逻辑表达。

选题论证。在选题确定以后,课题组需要邀请相关专家对选题进行论证,论证的内容主要是课题题目的表述、课题研究的价值、课题研究的可行性等。其中,可行性是最为关键的论证内容,关乎课题是否能够顺利开展。主要从以下几个方面进行:一是选题的前瞻性、内容的创新性、方法的科学性等;二是课题研究的客观与主观条件,包括资料、设备、时间、经费、课题组成员研究能力等;三是课题研究的时机是否成熟,包括研究现状的把握、研究进度的掌控等。理论上来讲,论证环节在申请立项之前和立项获批之后都要进行,两次论证的实施主体不同。前者是由课题组组织实施,目的是尽可能让课题获批立项;后者由管理部门组织实施,目的是对已经立项的课题进行更高层次的指导,有助于修正课题设计存在的问题。

申请立项。规划课题需要经过"规划办"批准才能立项,这是规划课题严谨性的具体表现。课题申请立项,通常需要填写立项申请表，在表格中将课题设计系统地表达出来。课题级别不同、地域不同，所使用的表格也不尽相同，课题设计的要求也就不同。全国教育科学规划课题对课题设计的要求为五项，分别是：1. 选题依据：国内外相关研究的学术史梳理及研究动态，本课题相对于已有研究的独到学术价值和应用价值等。2. 研究内容：本课题的研究对象、总体框架、重点难点、主要目标等。3. 思路方法：本课题研究的基本思路、具体研究方法、研究计划及其可行性等。4. 创新之处：在学术思想、学术观点、研究方法等方面的特色和创新。5. 预期成果：成果形式、使用去向及预期社会效益等。

课题实施。课题获得立项审批以后，课题组就要进入系统的研究阶段，这是课题研究最为重要的环节。在这个环节需要注意的问题主要有以下几点：一是落实研究方法，根据课题研究的实际需要调整和修正研究方法，促进课题研究的顺利进行；二是科学处理研究资料，对研究过程中使用或形成的资料要及时进行整理和分析；三是形成阶段性研究成果，及时对研究过程中的经验、结果、结论等进行成果化表达，形成以论文、专著等为主的阶段性成果；四是注意研究伦理，比如，对研究对象信息的保护，确保研究数据的真实性，禁止剽窃他人成果，等等。同时，要做好课题管理，充分调动课题组成员的积极性，协调好各方面关系，特别是对研究经费的管理。

课题结题。结题是相对于立项而言的，是课题研究必须完成的终结性工作。在课题研究完成以后，研究成果需要通过鉴定才可以结题。结题一般由课题主持人向课题管理部门提出，并提交结题申请书和研究报告，课题管理部门组织专家进行鉴定，成果通过鉴定后予以结题。通常来说，鉴定主要考量成果的科学性、成果的创新性、成果的理论性、成果的效益性和成果的规范性。因而课题组在研究过程中就必须在这些方面多下功夫,在做课题结题报告时更是要把相关资料做实,以利于顺利结题。

　　以上是课题研究的基本环节,至于课题研究的进一步运用,以及课题研究成果参评的各种奖励等,均不属于课题研究的过程,而是属于成果的使用与推广。

示例：中小学叙事教育的理论与实践研究

近十年，我完成了三项山东省教育科学规划课题的研究：一是"中小学叙事型主题班会的设计与实施研究"，二是"中小学叙事德育的模式构建与实践探索"，三是"中小学叙事教育的理论与实践研究"。这三项研究，从具体的班会课到综合的德育实践再到叙事教育理论研究，基本描述了中小学教师从实践走向研究的路径与可能。下面，我以"中小学叙事教育的理论与实践研究"为范例，为广大教师呈现课题设计论证和研究报告的撰写。

课题申请立项的关键——设计论证

中小学叙事教育的理论与实践研究课题设计论证

1. 选题依据：核心概念界定，国内外相关研究的学术史梳理及综述；本课题相对于已有研究的独到学术价值和应用价值等

1.1 核心概念界定

叙事：简单地说，叙事就是讲故事。本研究重点关注叙事的两大特性：一是公共适用性，叙事是人类社会的普遍现象，人们以讲故事

的形式来理解世界和生活，并在讲故事的过程中获得认知和态度上的改变；二是教育说服性，故事具有天然的说服效应，人们更容易被一个好故事而不是一个好论证说服。

叙事教育：叙事教育是以故事为载体，以故事的教育性融入为手段，通过叙事来分析、解释和重构师生的教育生活，促进师生共同成长的一种教育理念。从本质上讲，叙事教育就是用讲故事的方式解释教育哲学，其主旨是借助故事的说服效应建立一种柔润、温暖而有效的教育环境，构建一种既能保证教育的正面强化要求又能充分激发学生自主性成长需求的学校教育模式。

1.2 国内外相关研究的学术史梳理及综述

1.2.1 国外相关研究的学术史梳理及综述

在世界范围内，叙事与教育的渊源始于道德教育，大致可以划分为三个时代：

一是朴素的道德叙事时代。在传统农业社会，道德教育主要是通过讲故事来完成的，人类通过不断的"叙事"来影响个体经验的建构，促成普遍的道德认同。在叙事过程中，人们通过听故事获得普遍理解，做出道德判断，完成道德塑模。可以说，那个时代的道德教育处于普遍的"叙事"状态。二是道德的"宏大叙事"时代。文艺复兴后期，朴素的道德叙事开始淡出，取而代之的是道德的"宏大叙事"与"科学知识"取向，德育内容开始出现"科学化"、知识化的转向，德育逐渐成为道德知识的"教"与"学"的活动。三是复苏的德育叙事时代。在当前后现代境遇中，由于德育困境的"无法摆脱"，德育领域出现了后现代道德话语的分化现象。德育叙事得以重新出场，叙事德育开始出现，并逐渐成为德育研究中重要的学术词汇。20世纪中后期，随着叙事研究的复兴，国外研究者开始把叙事研究运用到德育领域。从美国缅因州 Colby College 的 Mark Tappan 教授的主页可以发现，他在 20 世纪 80 年代末撰写了系列文章，分别从心理学、解释学等角度来论述"德育的叙事方式"问题。

1.2.2 国内相关研究的学术史梳理及综述

在我国，这一领域的研究起步较晚。据文献梳理，2003 年第 8 期的《上海教育科研》刊发了刘慧与朱小蔓合著的《生命叙事与道德教育资源的开发》，成为现有文献中最早直接论述叙事与德育关系的文章。《中国教育学刊》2003 年第 11 期刊发了丁锦宏《道德叙事：当代学校道德教育方式的一种走向》，文中首次提出了"道德叙事"并给予了定义。《思想·理论·教育》2003 年第 12 期开辟"德育叙事"专栏，首次提出"德育叙事"。至此，德育叙事作为一种德育方法开始被教育研究者关注，研究的重点在于如何借助道德故事的叙述促进受教育者的成长。随着研究的深入，德育叙事这一方法已经越来越不能满足道德教育需要，于是有研究者试图把德育叙事模式化，提出了叙事德育模式。《小学德育》2009 年第 6 期，刊发了李季的《叙事德育：走进学生心灵的智慧》，首次提出叙事德育。××年，笔者在××（中文核心）发表《"叙事德育"的可行性实践及探索》，并相继发表五十余篇相关学术论文，为本课题的研究奠定了较为丰富的学术基础。

1.2.3 新时代"讲好中国故事"背景下的叙事研究新导向

在 2013 年的全国宣传思想工作会议上，习近平总书记提出要"讲好中国故事"。在党的十九大报告中，习近平总书记再次强调要"讲好中国故事"。他不仅多次强调"讲好中国故事"的重要性，还坚持借助中国故事向人们介绍中国及中国文化。充分挖掘中国故事的潜在价值，在中小学教育中实现艺术性与科学性相结合，对于提升中小学生对教育的认同感和获得感具有重要的现实意义。

1.3 本课题相对于已有研究的学术价值和应用价值等

综合以上的文献发现,基础教育领域对故事教育功能的研究和探索,大致可以分为两个层次:一是故事法的使用,即教育者运用道德故事进行德育的一种方法,属于个体经验层面的总结;二是德育模式的建构,即研究者从整体上建构既能提升道德情感体验,又能融合道德认知力、意志力的自然提升,还能保证德育方式的吸引力、感染力、内在驱动力的有效德育模式。以上研究具有一定的局限性,尚停留在把故事作为辅助教育资源进行开发使用的实践层面,缺少理念上的建构与提升,这就为叙事教育的提出提供了空间和可能。

已有的研究成果中关于叙事教育的资料极少。目前,仅医护教学领域有少量关于叙事教育的论述,可以查阅到的文献有:蒋燕、吴亦男、闫浚伟发表在《医学理论与实践》(2018年第31卷第17期)的《叙事教育在〈老年护理学〉教学中的应用效果研究》,赵红、姚平波发表在《人人健康》(2018年第24期)的《叙事教育在护理学基础实践教学中的应用》。这两项研究均局限于医学课程教学法的探索,侧重于如何在课堂教学中使用故事辅助教学。在基础教育阶段,只有笔者在××年××期的××杂志刊发的《由关键事件引发的"叙事教育"探索》一文,有关叙事教育的成果是缺失的,空白的,需要人们去填补和充实。如何将故事的教育功能从德育拓展到教学?如何实现故事的教育功能的最大化?如何将叙事在教育中的使用从方法和模式上升为理念?如何借助故事理念形成教育理念?

本课题的研究就是为了填补该方面的空白,探究清楚叙事教育研究应该遵循的基本原则和原理,分析明了叙事教育的基本内涵,建构出叙事教育的基本理论体系,形成叙事教育的基本实施策略,评估出叙事教育的教育价值与意义。通过研究，可以建构出兼具教育方法、教育模式和教育理念的叙事教育理论体系；可以形成以故事的基本属性为依托，着眼于学校教育方式总和，对学校教育进行全方位改造与提升的新时代学校创新发展策略；可以探索出叙事教育对人（包括师生和家长）的成长、学校的发展和家庭的幸福三个方面的作用与影响，以及实施的路径和策略。

故本课题相对于已有研究具有开拓性和前瞻性的学术价值和应用价值，值得进行深入研究和细致探索。本课题的研究成果将直接运用到学校教育教学改革实践之中，改变教师培养的方式和方法，改造学校教育教学实践的形式与模式，提升现代学校的教育发展理念，实现学校教育方式与学生生命发展的完美契合，达成新时代素质教育的基本要求和人们对学校教育的美好愿望。

2. 研究内容：本课题的研究对象、总体框架、重点难点、主要目标等

2.1 本课题的研究对象

以××区中小学校为研究主体，探究叙事教育的基本理念与实施策略。

2.2 本课题研究的总体框架

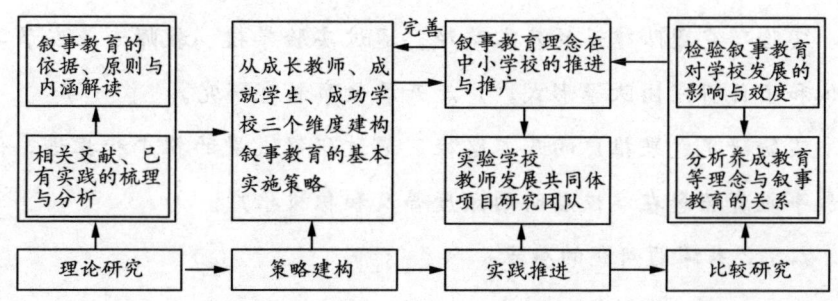

2.3 本课题研究的重点难点

2.3.1 本课题研究的重点

(1) 叙事教育的理论体系研究

文献处理与经验整合。搜集整理叙事教育的相关研究资料,对前期研究进行梳理整合,开展对叙事教育的方向性、奠基性研究。

研究依据与理论建构。分析叙事传输等心理学、教育学理论,探寻叙事教育的立论基础,形成叙事教育自身的基本观点和理论体系。

(2) 叙事教育的实践策略研究

教师专业发展能力的促进策略。教师是教育发展的第一生产力,探索叙事对教师专业发展产生影响和带动作用的基本策略,为叙事教育的有效实施奠定基础。

学生生命成长环境的建构策略。学生的生命成长需要适宜的教育环境,探求叙事理念下的人文和谐、情感洋溢的活动与课堂环境,为叙事教育的目标实现提供可能。

学校教育发展特色的培育策略。学校的特色发展是教育理想实现的关键,探求叙事课程建设理念下的学校文化培育路径,为叙事教育的课程化实施提供经验和支撑。

(3) 叙事教育的实践路径研究

实验研究团队建设的基本路径。通过实验学校、教师专业发展共同体和项目研究团队等形式,广泛开展叙事教育研究。

实验研究成果推广的基本路径。通过研究成果的推广和推进,促进叙事教育理念在学校层面的深度普及和积极推广。

2.3.2 本课题研究的难点

(1) 叙事教育的比较研究

叙事教育与说理教育的比较研究。从教育方式、教育手段和教育效果等方面,对叙事教育与说理教育进行比较分析。

叙事教育与养成教育的比较研究。从教育方式、教育手段和教育效果等方面,对叙事教育与养成教育进行比较分析。

(2)叙事教育的实证研究。调研并分析调研结果,检验叙事教育对学生、教师和学校的影响效度,形成叙事教育实践效果的分析报告。

2.4 本课题研究的主要目标

(1)以现代心理学理论和现代教育思想为指导,构建叙事教育的基本理论体系和实践策略,形成适合现代中小学教育的新思想和新理念,改变中小学校教育管理在理念、途径和方法等方面明显滞后的现状。

(2)通过研究提高中小学教育的人文性和实效性,探索出新时代学校特色发展、内涵发展的新路径,建构一种既能保证教育的正面强化要求又能充分激发学生自主性成长需求的学校教育模式。

(3)通过多维度、多途径实施叙事教育,推进叙事教育与中小学教育的深度融合,促进学生核心素养的全面形成,提升教师育人素养。

3.思路方法:本课题研究的基本思路、具体研究方法、研究计划及其可行性等

3.1 基本思路

(1)打造以课题组为核心的课题研究共同体。以课题组为核心,围绕协作研究组建课题研究共同体,与高校专家、基础教育研究人员、中小学校长、中小学一线名师组建课题研究核心组;与全国性教师专业发展共同体××(××年××月由笔者发起组建,现有遍布全国各地核心成员1900余人,成员单位26所学校,工作坊12个)组建

协同研究共同体。

（2）整体设计叙事教育理论与实践的研究问题。课题组有针对性地进行调查梳理，发现并确立具有重要影响的关键问题；对中小学教育实践现状进行大数据分析，确立新时代学校教育变革的真问题及有效路径；对故事的嵌入机制进行系统研究，建构故事改变学校教育的方式、策略与理论。

（3）理论与实践的双向建构。建构叙事教育的理论体系，形成系列理论研究成果；探索叙事教育理念下的学校教育方式变革策略，与中小学、高校协作开发系列精品学校课程，共享叙事教育理念；打造学校叙事型课程开发与实施样本，通过个案研究形成叙事型学校课程建设基本经验。

3.2 研究方法

文献分析法。多角度开展叙事教育（特别是叙事德育）相关资料的搜集研究，在充分分析已有研究成果和经验教训的基础上，寻找新的研究点、生长点、切入点，为课题研究提供理论框架和研究方向。

调查法。深入实验学校开展多种形式的调查研究，发现学校教育方式的共性问题，开展问题诊断与分析，为进一步的研究或决策提供观点和论据。

行动研究法。在问题发现中预设、验证、研究行动方案，并在行动中落实与调整研究方案，完成叙事教育行动策略与方案的实践研究。

经验总结法。对已有的研究成果进行梳理整合，积累每一个研究环节有价值的个案，在研究中获得经验和成果。在实验过程中，注重由局部个案的经验总结到全面经验的上升推广，形成叙事教育的理论体系。

3.3 研究计划及其可行性

本课题研究从 2019 年 4 月开始，到 2020 年 12 月结束，共分三个阶段。

(1) 第一阶段（2019.4—2019.9）

成立课题研究核心组，依托××组建课题研究协作共同体，在全区范围内遴选小学、初中、高中共五所学校，作为重点实验学校。梳理个人在教育叙事研究和德育实践方面的相关材料，对前期已有研究成果进行理论提升和经验总结；查阅文献资料，开展叙事教育相关文献的分析研究；开展问卷调查，对学校现有教育方式和教育实践进行分析、总结和研究，明确需要解决的问题和可行性方案。

(2) 第二阶段（2019.10—2020.10）

开展理论研究。在对已有研究进行梳理的基础上，借鉴相关心理学和教育学理论，建构叙事教育的理论体系，形成叙事教育的基本理念和核心概念；在对教育实践进行总结提升的基础上，形成叙事教育指导学校教育方式变革的基本策略和理论支撑，研究叙事教育课程化实施的策略体系与实施体系。

实践探索与研究行动。课题的核心研究分为重点实验学校探索性实验与区域性验证推广实验两个阶段进行。在小学、初中和高中三个学段的五所实验学校，首先通过建立科学的理论假设，获得叙事教育行动的基本模型，然后通过纵向和横向的行动研究，验证理论假设的正确性，并修正假设的缺陷与不足，最后形成三个学段可供操作的叙事教育行动模式。在区域范围内，通过实验研究与行动研究相结合的方式，对第一阶段的研究成果进行实验性推广，依托课题研究协作共同体吸引、影响省内外更多的研究者参与课题研究，推动课题研究成果在省内外的实践验证。

(3) 第三阶段（2020.11—2020.12）

总结课题研究开展情况，收集研究资料，提炼总结，撰写研究报告，举办成果展示活动。

本课题研究能够从最根本的人性论层面为学校教育实效的提升提供切实可行、行之有效的学校行动操作模式，具有重要的理论意义及实践价值，这是该课题能够受到众多研究者和学校关注，并积极参与实验的重要原因，也是课题研究得以实现的重要条件。课题主持人多年来一直从事叙事教育研究，并有多年班主任和德育管理经历，具有较强的叙事研究能力和德育实践、研究能力。近年来发表教育类文章一千余篇，课题相关论文一百余篇，出版课题相关专著四部。课题组对课题的前期研究充分，制订的研究计划切实可行，具有很强的科学性和可操作性，可以保障课题研究的顺利开展与深入推进。

4. 创新之处：在学术思想、学术观点、研究方法等方面的特色和创新

现行学校教育有一个焦点问题：教育的正面强化要求与学校教育的强制灌输手段之间的矛盾没有获得根本性解决。如何既能保证教育的正面强化要求，又能避免学校教育方式的生硬灌输，已经成为当前学校教育亟待解决的一道公共难题。解决以上问题是本课题研究的基本思想，也是该课题在学术思想上的可能创新。

(1) 教育理念的"叙事化"创新。叙事教育是超越方法与技巧的一种教育理念，以情感体验为主要教育手段，以帮助教育者、受教育者主动成长为关键策略，最终目的是形成有意义、有温度的柔性教育范式。

(2) 学校教育手段的"触点式"变革。以故事为触点，引发学校教育方式的深度变革：一是建构叙事课堂，通过在课堂中植入故事元

素开展叙事教育实践；二是开展叙事活动，依托故事精神，对各种教育活动进行故事化改造；三是开发叙事课程，以叙事教育理念的课程化为素质教育的实施探索新的路径。

（3）多维参与、多方协同的研究共同体。与时俱进，创新研究共同体的组建方式，实现课题研究团队与全国性教师专业发展团队的紧密组合；因地制宜，根据不同区域需求组建共同体，成立多个基于专项问题解决的研究工作坊；多方协同，推动教学研究机构、高校专家、一线教师的多方合作，形成研究和实施合力，推动课题研究的高效、高质量开展。

5. 研究基础和条件保障：项目主持人的主要学术简历、学术兼职，相关研究领域的积累和贡献等；项目组成员前期相关研究成果、核心观点及社会评价等；单位为项目组提供的时间保证、资料设备等

5.1 学术简历：课题负责人在相关研究领域的主要学术积累和贡献等

王维审，课题负责人，教育科研专业研究人员，"国培计划"专家库成员、市哲学社会科学专家库专家、省研究会理事。在一线学校工作十八年，始终致力于故事与学校教育的融合探索；专职从事基础教育研究六年，研究领域聚焦于叙事教育的理论建构与实践。出版《寻找不一样的教育》等叙事教育相关专著十余部，发表叙事教育相关学术论文一百余篇。在基础教育领域率先提出"叙事教育"理念，探索实践出叙事教育在学校改革中的一系列行动范式。

5.2 研究基础：课题负责人前期相关研究成果、核心观点及社会评价等

课题负责人在此领域的研究基础丰富，主要观点得到了极高的社会评价。2016年1月发起全国性学习型教师成长组织——××教师专

业发展共同体，引领教师开展叙事教育研究。××年开始，在××市、××市等地开展叙事教育课程化开发探索，与××市××区小学联合开发"我喜欢你"叙事教育校本课程，成为叙事教育课程化的实践样本。

在××（核心期刊）发表《学校德育可以大有作为》，提出了"故事是改变学校德育强制灌输、枯燥单调、实效低下现状的有效元素"的观点。

在××（核心期刊）发表《"叙事德育"的可行性实践及探索》，论证了故事与学校德育融合的路径，提出"叙事德育"的基本理念；在××发表《我的"叙事德育"实践之路》，阐述了在叙事德育实践领域的经验与收获，提出了故事与教育更加深层次融合的可能性；在××发表《叙事德育：一种柔性的德育模式》，对叙事德育进行了比较研究；在××发表《中小学叙事德育模式建构的实践与研究》，对叙事德育基本模式进行了论证；在××发表《叙事德育模式的理解与实践》，概述了叙事德育理念下的学校实践路径。

在××发表《叙事班会的理解与设计》，在××发表《叙事班会：缘起、规划与设计》，在××发表《叙事型主题班会的基本理念与实践探索》，在××发表《用故事"改造"主题班会》，在××发表《我的故事型家长会》，阐释了用故事改变学校德育的策略与方法，对班会课、家长会等进行了叙事化改造。

在××发表《以故事的名义改变教育》，在××发表《给教育一个故事》，提出故事融入学校课程的可能性。

在××发表《我喜欢你：叙事德育课程化的实践样本——以市区小学为例》，在××发表《叙事德育课程化的校本化实践》，在××发表《主题式叙事德育课程的开发与实践》，对叙事德育的课程化实施进行了样本提炼,形成了基本策略和路径。

在××发表《由关键事件引发的"叙事教育"探索》,正式提出叙事教育的基本理念。

××年××月××日的××刊发笔者的《叙事教育创造有温度的德育》,对叙事德育的研究经验及成果进行了梳理。××、××等媒体均对叙事德育的学校实践及课程化实施进行报道。

5.3 承担项目:负责人承担的各级各类科研项目情况,包括项目名称、资助机构、资助金额、结项情况、研究起止时间等

××年××月,承担山东省教育科学规划课题××,××年××月结题。承担的多项市、区级规划课题均已结题。

5.4 与已承担项目或博士论文的关系:凡以各级各类项目或博士学位论文(博士后出站报告)为基础申报的课题,必须阐明已承担项目或学位论文(报告)与本课题的联系和区别

前期承担的与叙事有关的课题研究,重点关注德育,研究内容以德育手段的叙事化改造为主,并且主要是针对某一德育手段和模式的实践研究,较少关注理论研究。本课题研究与前期研究相比具有以下几点不同:

(1)研究领域由德育拓展到学科教学。从"叙事德育"到"叙事教育",是对前期研究的拓展和深化。本研究在梳理、提升德育研究成果的基础上,重点研究学科教学的叙事化改造策略。

(2)研究视角由单纯的德育实践到教育理论建构。前期研究大多是针对某种德育手段或模式的实践性研究,本研究更加关注叙事教育理论体系的建构与论证,同时关注叙事教育理念在中小学的实践与推广。

5.5 条件保障:完成本课题研究的时间保证、资料设备等科研

条件

本课题预设研究时间充足，研究阶段设置划分合理，能够保证在预期内完成研究内容。研究团队结构合理，能够保障研究活动顺利开展。

课题组专门订阅了大量与课题研究相关的学术刊物，教研室及学校图书资料齐全，同时可以从××市图书馆、××大学等获得大量研究资料，能够保障课题研究的资料需求。××区教育和体育局、各实验学校对课题研究高度支持，在课题组成员外出学习等方面均可提供物质和时间上的保证。

6. 预期成果：成果形式、使用去向及预期社会效益等

6.1 成果形式

本课题研究的主要成果有：

论文，《叙事教育：理论建构与实践路径》《中小学叙事教育的课程化实施策略》《中小学教育方式的叙事化变革方式与路径》；

著作，《叙事教育的理论建构与实践探索》；

研究报告，《中小学叙事教育的理论与实践研究》。

6.2 使用去向及预期社会效益

本课题的研究成果将首先在××区中小学全面推广，并通过课题研究协作共同体在××省、××省等地系统推进，依托××共同体逐步在全国范围内推广实施。

叙事教育是以人为本的教育，核心理念是促进人的发展，既包括教师的发展，也包括学生的发展，但最终指向的是学生的全面发展。其社会效益表现在以下三个方面：

一是促进教师的专业发展。叙事教育的推进，一方面可以激活并保持教师从事教育实践与研究的热情和勇气，提升教师专业发展的基

本素养,以形成适应素质教育实施要求的专业能力;另一方面可以挖掘教师的教育特色,培育一批有教育情怀的优秀教师。

二是促进学生的生命发展。教师的发展,最终的受益者是学生。叙事教育的实践和推进,可以让学生享受到有故事、有温度、有温情的人本教育,师生关系必将得以优化,中小学生的核心素养必将得以培育和发展。

三是促进教育事业的发展。叙事教育可以为素质教育的深入推进寻找到一条优质路径,通过故事元素系统植入教育实践,推动中小学素质教育的优先发展、科学发展。

课题研究成果的呈现——研究报告

《中小学叙事教育的理论与实践研究》研究报告
（摘要版）

一、问题的提出

1993年2月13日,中共中央、国务院发布《中国教育改革和发展纲要》指出,"中小学要从应试教育转向全面提高国民素质的轨道",由此素质教育理念开始确立。1999年6月13日,《中共中央、国务院关于深化教育改革全面推进素质教育的决定》出台,明确提出"全面推进素质教育,构建一个充满生机的有中国特色社会主义教育体系"的奋斗目标。但是,在具体的教育实践中,中小学校推进素质教育的阻力巨大,诸多因素成为素质教育全面实施的制约和阻碍。

（一）现行教育模式不能解决素质教育推进中的根本矛盾

现行的教育模式,在理念、目标、内容、途径、方法和评价等方面已经明显滞后，严重阻碍着学校教育的有效实施。从本质上探求现行教育模式与素质教育的矛盾，可以聚焦为一点，即学校教育的正面强化要求与学校教育的强制灌输手段之间的矛盾没有获得根本性的解决。可以说，如何既能保证学校教育的正面强化效果，又能避免学校教育的强制灌输手段，已经成为当前学校教育急需解决的一道公共难题。要想解决这一难题，首先要解决的是教育的外在价值引导与学生内在自主建构之间的矛盾，也就是要构建一种既能保证正面教育到位，又能够让学生乐于接受的学校教育模式。

（二）教师专业素养不能满足素质教育的基本要求

在应试教育的长期影响下，基础教育一线教师普遍存在"应试心理"，教育教学能力也倾向于"应试能力"。为解决这一问题，各级政府和教育行政部门颁布了诸多文件法规，采取了系列行政措施。但是，仅靠国家意志、行政指令并不能保证教师"应试心理"的主动消失，也不能实现应试教育到素质教育的自动转型。专业素养是教师职业专业性的标志，是推动教师在教育教学实践中不断创新的内在要素。所以，提升教师的专业素养，培育一支能够自我反思、自主发展的教师队伍，让教师的专业素养与实施素质教育的要求相匹配，成为亟待解决的重大问题之一。

概言之，新时代学校教育的目标追求，必须建立在素质教育所倡导的"以人为本"理念之上，人的生命成长才是学校教育最高品质的追求。为此，基础教育学校需要解决两大问题：一是改变"摁着牛头吃草"式的教师培训，寻找一条教师自觉、自愿成长的专业发展路径，有效提升教师的专业素养；二是改变教育有损学生身心成长的现状，构建一种有温度、人性丰盈的教育模式，提高学校教育的人本品质。基于此，课题组开展了"叙事教育"的实践与研究。

二、解决问题的过程与方法

(一) 从故事写作到叙事研究，促进教师的专业发展

叙事教育的探索源于课题组对教师专业发展状况的焦虑。20世纪90年代，处在从应试教育向素质教育转型期的一线教师，普遍存在困惑与挣扎，职业倦怠严重，教师的专业发展一度陷入困境。1997年，笔者与部分喜欢教育写作的教师组成写作小组，尝试撰写教育故事，获得了教育经验的增长与心灵的解放。课题研究的背景可以通过"叙事者"的发展历程来呈现。"叙事者"是一个全国性民间教师成长团队，以教师专业阅读、专业写作、专业交流为常态行走方式，以叙事教育为专业研究方向。

1. "叙事者"的形成

"叙事者"的形成与发展大致经历了三个阶段：

（1）叙事写作小组。二十余年来，写作小组始终坚持撰写教育叙事，开创了"事件＋反思＋主张"的研究性写作范式，发表教育叙事类文章一千余篇，出版教育叙事系列专著两部。一路走来，写作小组坚守着"叙事"这条成长路径，自谓"叙事者"。这一称谓，得到了众多媒体的认可与推介：《中国教师报》以《准备好一颗愿意成长的心》为题报道写作小组的成长之路时，将写作小组界定为执着的"叙事者"；《师道》杂志以《叙事者：是根就有青草漫坡的心》为题报道了写作小组在叙事之路上的实践与探索，"叙事者"成为写作小组的专业荣誉。

（2）教师成长团队。2010年起，课题组对教师叙事写作能力的培养由"讲座式"转向"团队式"，开始在一些学校组建叙事研究团队。这些小团队的主要活动就是共写教育叙事，希望通过教师叙事引发教师的专业发展。二十余个小团队分布在不同的学校，都以"叙事者"

命名。最初,这些小团队确实推动了一线教师的成长,也引领部分教师走上了叙事研究、叙事成长之路。

(3) 全国性成长共同体。在此基础上,笔者发起了为期一个月的寒假叙事写作挑战活动,吸引了全国各地的八百余名教师参与了挑战。以此为契机,挑战团队与前期的小团队成员联手成立"叙事者"教师专业发展共同体,开启了"团队式+课程化"的成长模式。2016年12月,"叙事者"教师专业发展共同体的核心成员达到一千八百余人,《中国教师报》《师资建设》等教育媒体推介了"叙事者"的实践经验。至此,"叙事者"成为全国性民间教师成长组织的样本。

2. "叙事者"的行走

"叙事者"初步开发了三大系列成长课程:

(1) 叙事者·共写。每周至少撰写一篇教育叙事,每篇在八百字以上。每周的周六6:00—24:00,每人选择一篇最优秀的教育叙事,作为成长作业在QQ群内展示交流。"叙事者"写作项目团队积极为成员搭建叙事文章发表平台,先后与《中国教师报》《教育文摘周报》等建立合作关系,为"叙事者"开辟叙事专栏。

(2) 叙事者·悦读。每月共读一本书。每月前三周,读书项目团队通过多种形式进行问题导读;第三周周末,由读书项目团队发布聚焦导读,引导"叙事者"团队成员进行为期一周的反刍式深度阅读;第四周周末,在固定时间举行"线上书吧"进行读书交流,每人撰写一篇读后感。

(3) 叙事者·讲坛。每月的第二周周末,发展项目团队负责组织一期"名师讲坛"交流活动,群内名师进行特色展示,群外名师进行成长引领。"叙事者"团队成员需按时参加,发展项目团队负责考核及材料整理。

3. "叙事者"的发展与收获

（1）"叙事者"遵循融合发展的成长模式，提出了共同体的概念，初步形成了五种联合成长形式：一是区域覆盖型，二是校际联合型，三是学校独立型，四是学科教研型，五是专业发展型。

（2）"叙事者"倡导的读书、写作和交流，是教师专业发展的三大行走方式，是提升教师素养的应然选择。特别是叙事写作，经由精心梳理、用心记录、反思修正三个环节，教师可以对自己或他人的教育行为进行即时省察，并形成自己的认识与理解。从这个意义上来说，叙事写作是对教育教学实践历程的记录、叙述、反思和总结，是探讨教师教育教学生涯与教育理念及能力发展的重要方式，是一种促进教师专业成长的最佳途径和研究方式。

（3）"叙事者"对于教师专业发展的影响表现在：一方面，激活并保持了教师从事教育实践与研究的热情和勇气，使他们摆脱了职业倦怠的压抑与消沉；一方面，提升了教师专业发展的基本素养，使他们形成了适应素质教育实施要求的专业能力；另一方面，挖掘了教师的教育特色，培育了一批有教育情怀的特色教师。值得一提的是，周庆吉、晁栋梁等青年教师获得迅速成长，在叙事研究中形成了独具个性特色的教育教学风格，先后被《中国教师报》整版报道。

（二）从故事叙述到叙事课堂，实现课堂的叙事化改造

在叙事写作的基础上，课题组不断尝试把故事的价值引入教育的各个领域，特别是课堂这一教育教学的主阵地。2005年，课题组开始在学科课堂中植入故事，以优化课堂教学环境。2009年，课题组开始把课堂的叙事化改造引入德育课堂，重点在叙事型班会、叙事型晨会、叙事型家长会等领域进行研究。下面，以叙事型班会的开发为例，简要概述叙事课堂的构建策略与实施路径。

1. 单一故事型叙事班会的设计策略。故事不同，对故事的挖掘与开发也就不同，下面介绍三种常用的单一故事开发方法：

（1）勾连生活实际。绘本故事《两只蛋的爱情》，讲述了两只蛋从懵懂相爱到最后理性分手的整个过程，是早恋类主题班会课的一个绝好故事素材。按照故事情节的发展，项目组把故事断成三部分进行讲述，并在每一部分设计了勾连生活实际的问题，从而开发了班会课《爱情是什么》（本课例刊发于《中国德育》）。

（2）道德两难讨论。有些故事或事件本身无法简单进行道德判断，具有"两难"性，容易产生"鱼和熊掌不可兼得"的选择困境，这样的"道德两难故事"是开发叙事班会的重要素材之一。在实践中，可以用道德两难故事为基本材料，让学生对故事（事件）中的道德问题进行讨论并回答围绕该故事提出的相关问题，以此来诱发学生的认知冲突，促进积极的道德思维，从而提高其道德判断能力和道德践行能力。

（3）多维故事续说。有些故事的结局具有开放性，或者具有时代的可变性，这样的故事可以通过"多维度续说"的方式拓展、拓宽故事的教育价值。

2. 多重故事型叙事班会的设计策略。多个故事共同参与的班会课，其设计方法与思路迥异，但也有基本的思路可循。

（1）递进式关联。在设计叙事班会课时，通常会采用一个故事揭示德育主题、一个故事解读德育主题、一个故事深化德育主题等方式，用多个故事层层递进进行关联，形成一条完整的德育故事链，共同完成某教育目标。甚至，在每一个教育链接点上，可以同时包含多个小故事，以共同阐释必要的教育内容。

（2）平行式聚焦。有的教育主题，可以从多个角度进行诠释或多个维度进行推证,对于此类主题,就可以采用多个故事,从不同的视角、不同的方向进行聚焦式解读。这种设计方式与"递进式关联"不同的是,课堂中使用的故事彼此之间不具备递进关系,而是平行并列朝向一个共同的问题点,联合说明一个教育主旨或教育问题。

传统课堂往往以说理、说教、灌输为主,教育过程被看作简单的知识传授与接收,缺少情感体验和感悟的环节,从而导致教育实效的低下。叙事课堂则是通过讲述故事来营造教育环境,以心灵对话、情感体验和情景感悟为主要教育策略。无论是学科叙事课堂还是德育叙事课堂,虽然在故事的植入与使用方面方式各异、手段迥然,其实质均遵循"感触—感动—感悟"的情感内化历程。这样的课堂是直抵学生心灵的课堂,指向的是生命的真实成长。

(三)从叙事课堂到叙事课程,整合提升教育的品质

叙事教育最重要的实践策略是课程化。经过研究,课题组研制了两种类型的叙事教育课程:一是以整体规划学校教育目标为核心的结构式课程,二是以落实某项教育要求为核心的主题式课程。下面,以江苏省苏州市相城区望亭中心小学的"我喜欢你"叙事教育课程为例,简要概述叙事课程的开发策略。

1."我喜欢你"课程目标。通过"我喜欢你,××"的表达活动,让学生学会表达对老师、家长和同学的喜欢,教师学会用欣赏的眼光看待周围的每一个人;通过故事这一主线,系统链接学校集体晨会、班级晨会、主题班会以及日常德育活动,整体激发教师、家长、学生的教育能量,实现家校协同。

2."我喜欢你"课程内容及实施。根据被表达人的不同,"我喜欢你"叙事课程分为"教师篇""学生篇"和"亲子篇"。

(1)教师篇:我喜欢你,××老师

每周一早晨升旗仪式的国旗下讲话时段，由轮值班级的学生代表讲述发生在教师（职工）与学生之间的真实故事。

（2）学生篇：我喜欢你，××同学

活动过程主要有四个环节：一是确定"喜欢对象"，根据班级人数和实际情况，每班确定一至三名被表达学生；二是撰写"喜欢故事"，班级的其他同学在周一至周五将写有"喜欢理由"的贴纸贴在"我喜欢你"班级墙上；三是表达"喜欢情感"，利用周五下午的"我喜欢你"活动课时间，学生面对面口头表达"喜欢理由"；四是收藏"喜欢记忆"，周五放学后，被表达人可以将班级墙上张贴的所有"喜欢"带回家，在父母的帮助下制作每个人独有的"我喜欢你"活动纪念册，收藏人生中的美好。

（3）亲子篇：我喜欢你，孩子

亲子篇的开展有两种形式：一是家长参与师生间、生生间正面评价活动，比如在学校晨会上邀请家长表达对孩子的喜欢，在自己的孩子被确定为被喜欢对象后，积极参与班级里的"喜欢"表达；二是借助家长会组织专门的"我喜欢你，孩子（爸爸妈妈）"活动，可以通过亲口讲述、撰写书信等方式进行表达。同时，这一活动需要双向进行，在父母表达对孩子的喜欢的同时，学生要表达对父母的喜欢。

苏州市相城区望亭中心小学是首批参与叙事教育研究的外省市学校之一。"叙事者·望亭团队"是"叙事者"重要分支团队，由该校青年教师组建，主要承担"叙事教育课程化实践"研究项目。前面所列举的"我喜欢你"叙事课程，以故事为核心元素夯实了学校德育阵地，取得了突出的教育效果。该课程先后被苏州市电视台、《新华日报》等媒体报道，并被苏州市教育局表彰。

三、成果的主要内容

经过多年的叙事实践，故事理念初步形成，并实现了从故事理念到教育理念的升华，提出了核心理念、核心元素、基本原理、基本模式以及叙事课程的操作体系等，逐步构建了叙事教育的基本理论。

（一）初步形成了叙事教育的基本理论

1. 基本定义。叙事教育是遵循故事理念，以故事的教育性融入为手段，发掘内隐于故事内容及叙事过程中的意义和价值，对学校教育方式进行叙事化设计与提升，实现师生共同成长的教育模式。

2. 核心理念。叙事教育的核心理念是"促进人的成长"，包括教师的生命成长和学生的生命成长。一方面，叙事教育通过教师的专业叙事，实现教师的生命成长；另一方面，叙事教育通过对课堂和课程的叙事化改造与提升，实现学生的生命成长。

3. 核心元素。叙事教育的核心元素是故事。故事精神的内涵主要包括两个方面：一方面故事可以帮助我们认识世界、他人和自己；另一方面，故事又以它所传递的社会文化规范、风俗习惯塑造每一个人。

4. 基本原理。叙事教育的基本原理是"通过故事理念实现教育理念"。也就是说，故事理念可以帮助教育者通过叙事的方式做理想的教育，从而实现教师的教育理想。

5. 基本特征。叙事教育具有以下四个基本特征：（1）叙事教育是超越方法与技巧的一种教育理念；（2）叙事教育是一种以情感体验为载体的教育方式；（3）叙事教育是帮助受教育者实现自我建构和主动成长的教育策略；（4）叙事教育是一种有意义、有温度、有柔性的教育范式。

（二）初步建构了叙事教育的实践体系

叙事写作、叙事课堂、叙事课程是叙事教育的三大实践模块。它们相互支撑、彼此联结，共同构成了叙事教育的实践体系。

1. 叙事写作的基本范式

叙事写作的基本范式可以概括为：事件＋反思＋主张。教师通过叙述有意义的教育事件，引发个体的深度反思，提出自己的教育理解和主张，从而获得教育经验，引发心灵成长。由此，叙事写作就具有了行动研究的品质：事件是研究的内容，反思是研究的途径，主张是研究的成果。所以，"事件＋反思＋主张"也可以作为叙事研究的范式。

2. 叙事课堂的设计环节

叙事课堂的基本环节包括：故事叙述—情感诱导—自主建构—自我成长。无论是学科叙事课堂，还是德育叙事课堂，从根本上需要遵循的就是这四个基本环节。其中，故事叙述是基础，情感诱导是策略，自主建构是手段，自我成长是目标。

3. 叙事课程的设计原则

（1）故事性原则。故事是叙事课程的主要元素，也是营造教育环境的主要素材。叙事课程的核心观点就是通过故事营造一个易于学生接受、具有动人元素的教育环境。（2）叙述性原则。叙事课程中的叙事就是讲述故事，无论是文字讲述还是语言讲述，都说明叙事课程是一种以叙述为主要手段的教育方式。（3）感动性原则。通过讲述故事让学生因感悟而明理是叙事课程的目的，其基础和前提是故事性，而核心和关键是感动。所以说，感动是叙事课程设计的目的，也是手段。（4）启迪性原则。叙事课程是一个以故事蕴含的道理启迪人的过程，晓之以理、以理服人、以情育人是叙事课程的重要手段，也是叙事教育的最终目的。

4. 叙事教育的实践模型

叙事教育是以故事为核心元素对学校教育进行解释、理解、建构的教育模式,其实践模型主要从以下四个方面进行描述:(1)以故事为载体。通过故事营造的教育环境来引发教育的契机,让故事以更加隐蔽的形式来触动和感动学生的心灵。(2)以叙述为途径。通过对故事进行形式多样的加工和改造,让故事以更加鲜活的力量来开启和走进学生心灵。(3)以共情为特点。通过故事情境的再造和对故事情节的渲染,让故事感化和引导学生的心灵。(4)以重塑为目的。通过对故事教育价值的合理植入,让学生在故事中内化并建构道德观念,从而升华和塑造学生的心灵。

四、效果与反思

从以一线实践者为主,到科研机构专职研究人员的积极融入,课题组始终坚持对叙事教育的实践探索与理论研究。这一研究可以分为两个阶段:一是侧重于一线实践的探索阶段,二是偏重经验整合提升的理论研究阶段。

(一)叙事教育的实践之路,是不断丰富与完善的创新之路

从1997年到2012年的十五年,课题组坚持在教育第一线实践叙事教育,收获了意想不到的实践效果。

1. 探索出了一条适合一线教师的行动研究路径

常年的叙事写作,让课题组在不断的自我反思中获得了丰富的教育经验和动力,也让教育生活变得智慧而艺术。在此基础上,课题组开始把教育叙事写作推介给周围的同事,并以"团队式+课程化"的成长模式影响着越来越多的人走向了叙事反思之路。在这一过程中,课题组把叙事写作延伸为叙事研究,开创了一种适合一线教师的行动

研究范式：事件＋反思＋主张。这种简单、及时、便捷的草根研究，迅速为一线教师所接受并喜欢，越来越多的人由此步入了这种独特的研究之路。

2. 探索出了一条对学校教育进行叙事化改造的实践路径

对学校教育的叙事化改造是从学科课堂开始的。2005年，课题组开始在学科课堂上植入故事元素，并开创了"故事课堂"。2009年开始，项目组逐渐在晨会、班会、家长会等德育课堂开展叙事课堂实践，开发出了系列精品课堂。2010年开始，课题组成员依托学校文化系统设计了"养成教育叙事课程"，走上了叙事课程的探索与实践之路。故事的植入为素质教育的实施探索出一条新路径。

3. 探索出了一条提升学生生命质量的素质教育之路。所有的教育改革最终都是为了学生的生命成长。叙事教育的实践，让学科课堂更具智慧和吸引力，让班级和学校德育更温暖、更柔软，让学校教育更有温度、更有特色，最终为学生的生命成长带来了可能。课题组利用罗森伯格1965年编制的自尊量表问卷，对实践单位望亭小学六年级学生进行了自尊水平问卷调查，最终得分比苏州市发布的自尊平均水平高出4.1分。对于这样一所偏僻的乡村学校，这个分差还是很让人欣喜的。该案例获得苏州市2017年度义务教育学业质量监测一等奖。

（二）叙事教育的理论研究，是一线教育实践的整合与提升

2013年，课题组开始对长期实践的叙事教育进行理论提升。完成了"叙事教育四部曲"的全部书稿，其中《寻找不一样的教育——我的教育叙事》《做一个不再困惑的老师》《推开教育的另一扇窗》分别于2016年2月、2017年3月、2018年4月正式出版，《做有故事的教育》于2019年2月出版。从2013年至今，围绕叙事教育，课题组撰写了系列叙事学术论文，初步构建了叙事教育的理论系统。其中五十

多篇叙事教育的相关学术论文发表在《人民教育》等报刊，多篇论文被人大复印资料全文转载。同时，系列研究成果获奖或被媒体推介。

（三）叙事教育的实践与研究，亟待进一步深化与完善

经过二十多年的实践、观察、分析、综合，不断把一线实践经验和实践智慧上升到理论，继而又在实践中不断充实，不断深化，终于逐渐探索出独树一帜的叙事教育理论。叙事教育已经初步建构了叙事写作、叙事课堂、叙事课程三大实践板块，其核心理念和操作体系基本完善，共同构成了叙事教育的基本范式。叙事教育的理论体系构建，实践区域和成效的进一步实证，以及更高层次上的实践修正，均将是叙事教育下一步继续探究、充实和完善的方向。

后记：平凡与卓越

这篇后记是真正的后来之记，起意于新书即将付印之际。决定动笔的原因很简单，在与责编老师商议本书的副标题时，谈到了平凡与卓越，我觉得有必要和老师们聊一聊相关的两个问题。

其一，人为什么要从平凡走向卓越？

这样一幅漫画在网上广为流传，画的是一个人挖水井，每当快要挖到水的时候，他就换一个地方重新挖。如此一番折腾，他挖出了很多快要触及水面的深坑，却没有挖出一口水井。这个漫画故事经常被人用来强调持之以恒的意义，我倒是觉得它更精准地阐释了成功必须要遵循的二八定律——在任何情况下，事物的主要结果只取决于一小部分因素。还是以挖井人为例，他所挖的深坑如果累积起来，早就可以喝到清甜的井水了。那为什么他没成功呢？他没有解决从坑底到水面的那一小段距离，而恰是这一小段距离让他像成功者一样忙碌，却没有取得成功。所以，这一小段距离就是影响成功的那"一小部分因素"。

为师者也是如此。我曾分析过一些成功教师和普通教师的工作时间，结果发现绝大多数教师无论成功与否，他们用在工作上的时间基本相当,上同样多的课,批改同样多的作业,和同样多的学生谈话,但是最后有的人成功了,有的人碌碌无为。原因在哪里?很简单,绝大多数老师正像那个挖井的人,只有极少数老师在用合理的方式挖井,所以才出现了这种局面:虽然付出了相同的劳动,有的人可以喝到井水,有的人却只能忍受饥渴。

每当想到这里,我都会为那些很忙碌却又挖不到井的老师们感到委屈:付出差不多的时间和精力,如果仅仅因为忽略了"一小部分因素"而失去了走向卓越的机会,的确是一件很让人不安的事情。俗语说,二十四拜都拜了,还差那一哆嗦?是啊,该做的都做了,该努力的也努力了,最终为什么不顺势完成那一哆嗦呢?由此,一个人追求卓越,不仅是精神境界崇高使然,也是源于付出了基本努力之后的不忍与不甘。——我们本该更好!就差那么一点点,为什么不去试一试呢?万一卓越了呢?

其二,如何才能从平凡走向卓越?

无数个平凡的累积与叠加,一定会成就卓越吗?漫画上的那个人已经用行动做出了回答:不一定。他挖了那么多坑,最终得到的依然是很多很多的坑,并没有一口井,数量的累加没有帮助他获得成功。但有的时候,累积和叠加也可以生成好的结果,比如我们常说的"水滴石穿",只要水滴不停地滴,总有一天可以滴穿石头,这说明只要能够坚持不懈,集细微的力量也可以成就巨大的功绩。

于是,这个"水滴石穿"成了很多人不愿意额外付出的理由——一成不变地努力就可以成功,为什么还要千方百计地去探索呢?于是,选择日出而作、日落而息的老师越来越多,选择随波逐流、顺其自然的老师慢慢成了主流……在某些时候,持续的按部就班、不懈的循环往复也许可以成就卓越,但需要漫长的时日和超出正常生活需求的等待。在不计生活成本的自然时空里，水滴石穿是一种美好和浪漫，但在具体的生活中，只是一种制造抚慰但并不实用的精神饰品。

试想，假如我们要把一块石头穿出一个孔，用于某项工程或者某件工作，水滴石穿能够解决我们的需求吗？显然不能，但是现代科技就可以做到，我们可以采用高压水射流技术，把水射流的速度转化成压力，很快就可以将一块石头穿出我们需要的洞来。同样是水，一个是顺其自然慢慢流淌，一个是巧妙地施压凝聚力量，"石穿"的速度和质量相差甚远，这就涉及效率和生活实用性的问题。在很多时候，未来可及的成功，我们是等不起的，卓越亦是如此。

当下的教育，孩子的人生，不容我们依赖岁月积淀来获得珍贵的历史包浆；教师的成长，生命的提升，也不可能留给我们成千上百年的日子。从平凡到卓越，需要自我施压，并借助有效的技术从容而迅捷地行走——理想会给予我们足够的压力，实践、阅读、写作和研究就是有效的方法，五个元素的融合互动，足以帮助我们获得走向卓越的水射流。

我想，这也是整本书想要告诉大家的。聊记于此，以作补充和提醒。

读者说：奔向成长的三条通道

王维审老师的书，我读过不少。如《寻找不一样的教育》让我看到了教育别样的风景；《做一个不再困惑的老师》告诉我要做一个精神明亮的老师；《做有故事的教育》启迪我做教育要有故事力；而《做一个会成长的老师》是王维审老师的又一力作，该书分为五章，每章又分若干个小节来论述，理论和叙事相结合，相得益彰。读完这本书，我明白教师从平凡走向卓越需要打通三条通道，在生命的长河中努力奔跑，书写自己的生命传奇。

坚守专业的理想，修炼精神明亮的通道

什么是专业理想？王维审老师告诉我们，教师的专业理想是指教师在长期的教育实践中形成的关于教育本质、目的、价值和生活等的理想和信念，是教师对自己专业发展状态的预设与期待，是对未来美好专业图景的构想与展望。对于教师而言，专业理想是教师职业素养的核心和灵魂，只有建立了科学的专业理想，教师行动才会有源源不断的精神动力。

现实生活中，很多教师一开始也是满怀着教育理想，坚守着教育良知，然而，走着走着，教育初心开始偏离正常的轨道，职业倦怠随之而来，没有了目标意识和进取意识，随波逐流，得过且过，不知道自己的目标在何方。那么如何破局？马克斯·范梅南说："只有教师实现教育性生存时，教师才会对职业产生神圣的使命感与责任感，也才会感受到职业的价值和意义所在，从而以满腔热忱投入到教育生活中去。"所以教师要做一个精神明亮的老师，树立从明师到名师再到良师的专业发展图景的构想，修炼自己的内心，坚守自己的专业理想。

教书二十余年，我一直坚守着自己的专业理想，从任教的第一天，我就下定决心要做一个让学生满意、家长肯定、学校放心的语文老师。为此，我不断地学习，向语文名家学习，如于漪、钱梦龙、魏书生、余映潮、李镇西、窦桂梅等，我大量阅读这些名师的教学案例，学习他们将教学理念落地的策略与方法，反复观摩他们的上课视频，并在实践中模仿和改进。因此，我的课堂丰实、灵动、有趣，深得学生喜爱，教学成果显著。

回望二十余年做语文教师的历程，我上好语文课的初心仍未改变，用专业方法上好语文课，做一个专业的语文教师，是我人生过往的修为所向，也是我履践致远的修行标尺。于我而言，语文教学既是专业的技术，也是长久的事业，更是一生的志业。

相信研究的力量，构建知行合一的通道

苏霍姆林斯基说："如果你想让教师的劳动能够给教师带来乐趣，使天天上课不至于变成一种单调乏味的义务，那就引导每一个教师走

上从事教育科研这条幸福的道路。"然而现实生活中,许多教师以教学任务繁重为借口,不重视教育科研,认为教育科研高大上,普通的一线教师只要教好书就行了。

那么,事实果真如此吗?王维审老师就举了自己的一个例子。王维审老师曾痴迷于故事与主题班会的融合,探索利用故事来设计主题班会,受到了学生的普遍欢迎,但有一次,教育局组织班主任培训,要求他讲一讲这种班会课的设计策略,王维审老师一听傻眼了,他根本不知道如何向别人介绍经验和成果,因为他当时只是在做,并不知道在做什么,更不能清晰地总结出方法、路径和意义。那一次的培训虽然很尴尬,却让王维审老师下定决心开始对自己的实践进行系统研究。于是,他申请了课题,利用一个研究周期完成了"叙事型主题班会"的研究,实现了由实践到经验再到成果的跨越。可以说,王维审老师是教育科研的受益者,如果没有教育科研,他也不会成为叙事教育的倡导者。

如何让教育科研更接"地气"?明代王阳明在阐述其著名的"知行合一"时有言:知是行之始,行是知之成;行之明觉精察处,即是知;知之真切笃实处,即是行。按照王阳明的说法,教育理论要还原和下沉到具体的教育教学的工作中,要打通"知行合一"的通道,让教育理论穿越教育现场,解决真实的教育问题。

成长不是来自低头的忙碌奔波,登高方能望远。我们既要脚踏实地,也要仰望星空,用教育研究指导我们的教育实践。如此,方能解开思维之锁,解开心灵之锁。

养成读写的习惯，对接自我赋能的通道

阅读之于精神，恰如运动之于身体。无论哪个群体，无论何种职业，对于阅读的渴求大都如此。于教师而言，阅读除了精神上的意义，更具有成长上的价值。而写作是一种自我发现，教师的专业写作是帮助教师走向名师的关键力量，他可以让教师成为教育实践的总结者和教学经验的输出者。王维审老师告诉我们，于教师而言，从平凡走向卓越，必须养成阅读和写作的习惯，这是自我赋能的通道。

作为一名教师，我深知，要给学生一杯水，自己必须要有一桶水，并且这水不是死水，是常流常新的水。为此，我不断自我赋能，教学之余，我坚持阅读，每年阅读书籍不少于三十本。对我而言，读书是我的爱好之一，在读书的过程中，我享受到了生命的价值和做班主任的乐趣，读苏霍姆林斯基的《给教师的建议》，我会想到一位智慧长者的谆谆告诫；读陶行知的演讲稿，我会聆听到一位教育家为新教育的呐喊；读杜威的《民主主义与教育》，我会真切感受到他的民主主义教育思想……这些书籍给我以成长的启示和思考，丰富了我的精神世界，润泽了我的教育人生。而且，我以身示范带动了学生的阅读，被评为2022年度"全国十佳校园阅读推广大使"。

我不仅勤于阅读，还乐于写作，笔耕不辍。在个人微信公众号发表约50万字，在《班主任》《班主任之友》《新班主任》《中小学班主任》《德育报》等报刊上发表文章八十余篇。

"我要做一束火苗，点燃少年心中的希望，闪一点微光，让孩子青春的征途不迷茫。"教育路上，我以阅读、思考、写作的姿态给学生积极的示范，用温暖、踏实、从容的心境引领学生精神明亮。

每个人的成功都会有自己的样子，但是，理想、实践、阅读、写作和研究，这些关键词所表达的，应该是教师成长可以借鉴与值得研究的——虽不能确保成功，但可以一直让你走在成长的路上，只要打通了它们之间的通道，就可以帮助我们从平凡走向卓越，在教育生涯的路途中遇到更多、更美的风景。

（安徽省六安市霍邱县育英学校　查达江）

图书在版编目（CIP）数据

做一个会成长的老师/王维审著. —济南：山东文艺出版社，2022.6
 ISBN 978 - 7 - 5329 - 6631 - 8

Ⅰ.①做… Ⅱ.①王… Ⅲ.①师资培养—研究—中国 Ⅳ.①G451.2

中国版本图书馆 CIP 数据核字（2022）第 091821 号

做一个会成长的老师

ZUO YI GE HUI CHENGZHANG DE LAOSHI

王维审　著

主管单位	山东出版传媒股份有限公司
出版发行	山东文艺出版社
社　　址	山东省济南市英雄山路 189 号
邮　　编	250002
网　　址	www.sdwypress.com

读者服务	0531 - 82098776（总编室）
	0531 - 82098775（市场营销部）
电子邮箱	sdwy@sdpress.com.cn

印　　刷	山东新华印务有限公司
开　　本	710 毫米 × 1000 毫米　1/16
印　　张	16　插页/2
字　　数	192 千
版　　次	2022 年 6 月第 1 版
	2024 年 1 月第 2 版
	2025 年 7 月第 3 版
印　　次	2025 年 7 月第 3 次印刷
书　　号	ISBN 978 - 7 - 5329 - 6631 - 8
定　　价	55.00 元

版权专有，侵权必究。如有图书质量问题，请与出版社联系调换。

教育
发现